Soziologie

Forum
der Deutschen Gesellschaft für Soziologie

Heft 4 • 2015

Herausgeber im Auftrag von Konzil und Vorstand der Deutschen Gesellschaft für Soziologie:
Prof. Dr. Georg Vobruba (verantwortlich im Sinne des Presserechts).
Redaktion: Prof. Dr. Sylke Nissen und Dipl. Pol. Karin Lange, Universität Leipzig,
Institut für Soziologie, Beethovenstraße 15, D-04107 Leipzig,
E-Mail: soz-red@sozio.uni-leipzig.de, Tel.: 0341/9735 648 (Redaktion) oder -641
(G. Vobruba), Fax: 0341/9735 669.

Vorsitzender der Deutschen Gesellschaft für Soziologie:
Prof. Dr. Stephan Lessenich, Ludwig-Maximilians-Universität München,
Institut für Soziologie, Konradstraße 6, D-80801 München,
E-Mail: stephan.lessenich@uni-muenchen.de.
Vorstands- und Vorsitzarbeit: Dr. Sonja Schnitzler,
Kulturwissenschaftliches Institut NRW, Goethestraße 31, D-45128 Essen,
E-Mail: sonja.schnitzler@kwi-nrw.de, Tel.: 0201/72 04 208, Fax 0201/72 04 111.
Schatzmeisterin: Prof. Dr. Nicole Burzan, TU Dortmund,
Fakultät 12: Erziehungswissenschaft und Soziologie, Emil-Figge-Straße 50,
D-44227 Dortmund, E-Mail: nicole.burzan@fk12.tu-dortmund.de,
Tel.: 0231/ 755 7135, Fax: 0231/755 6509.
Aufnahmeanträge auf der Homepage der DGS: http://www.soziologie.de

Soziologie erscheint viermal im Jahr zu Beginn eines Quartals. Redaktionsschluss ist
jeweils sechs Wochen vorher. Für Mitglieder der DGS ist der Bezug der Zeitschrift
im Mitgliedsbeitrag enthalten. Beiträge in der Soziologie werden erfasst in
CSA Sociological Abstracts (San Diego) und SOLIS (Bonn).

Campus Verlag GmbH, Kurfürstenstraße 49, 60486 Frankfurt am Main, www.campus.de
Geschäftsführung: Marianne Rübelmann
Programmleitung: Dr. Judith Wilke-Primavesi
Anzeigenbetreuung: Stefan Schöpper, 0 69/97 65 16-32, schoepper@campus.de
Abonnentenbetreuung: HGV Hanseatische Gesellschaft für Verlagsservice, Holzwiesenstraße 2,
72127 Kusterdingen, E-Mail: journals@hgv-online.de, Tel: 07071 9353-16, Fax: -3030

Bezugsmöglichkeiten für Nichtmitglieder der DGS:
Jährlich erscheinen vier Hefte. Jahresabonnement privat 70 €;
Jahresabonnement Bibliotheken/Institutionen 110 € print / 177 € digital (nach FTE-Staffel);
Jahresabonnement Studenten/Emerit 30 €.
Alle Preise zuzüglich Versandkosten. Alle Preise und Versandkosten unterliegen
der Preisbindung. Kündigungen des Abonnements müssen spätestens sechs Wochen
vor Ablauf des Bezugszeitraums schriftlich mit Nennung der Kundennummer erfolgen.

© Campus Verlag GmbH, Frankfurt am Main 2015
Alle Rechte vorbehalten. Kein Teil dieser Zeitschrift darf ohne schriftliche
Genehmigung des Verlages vervielfältigt oder verbreitet werden. Unter dieses Verbot
fällt insbesondere die gewerbliche Vervielfältigung per Kopie, die Aufnahme in
elektronische Datenbanken und die Vervielfältigung auf CD-Rom
und allen anderen elektronischen Datenträgern.
Druck: Beltz Bad Langensalza GmbH
ISSN 0340-918X

Inhalt

Editorial 397

Soziologie in der Öffentlichkeit

Johannes Weiß
In wessen Namen? 399

Identität und Interdisziplinarität
Thomas Luckmann, Hans-Georg Soeffner und Georg Vobruba im Gespräch
»Nichts ist die Wirklichkeit selbst.« 411

Forschen, Lehren, Lernen

Michael Reif
Soziologie mit Börsenspiel 435

Rat für Sozial- und Wirtschaftsdaten
Stellungnahme zur Archivierung und Sekundärnutzung
von Daten der qualitativen Sozialforschung 451

DGS-Nachrichten

Geschlossene Gesellschaften.
Themenpapier zum 38. Kongress
der Deutschen Gesellschaft für Soziologie 2016 in Bamberg 459

Open Access für die SOZIOLOGIE 465

Veränderungen in der Mitgliedschaft 466

Berichte aus den Sektionen und Arbeitsgruppen

Sektionen Arbeits- und Industriesoziologie und Umweltsoziologie 468

Sektion Entwicklungssoziologie und Sozialanthropologie 471

Sektion Politische Soziologie 474

Sektion Professionssoziologie 477

Sektionen Soziale Ungleichheit und Sozialstrukturanalyse, Medizin- und Gesundheitssoziologie und Soziologische Netzwerkforschung 480

Sektion Sozialpolitik 483

Nachrichten aus der Soziologie

Martin Bauer, Christina Müller
Soziopolis – Gesellschaft beobachten 489

Petra Dannecker, Gudrun Lachenmann, Ulrike Schultz
In memoriam Dieter Goetze 493

Bernhard Schäfers
In memoriam Bernd Hamm 495

Barbara Stambolis
In memoriam Arno Klönne 498

Habilitationen 502

Call for Papers 503
Bildungserfolge im Lebensverlauf • Verzeihen – Versöhnen – Vergessen? • SOEP Innovation Sample

Tagungen 510
Gefährliche Ungleichheiten • Fleisch. Vom Wohlstandssymbol zur Gefahr für die Zukunft

Autorinnen und Autoren 514

Abstracts 517

Jahresinhaltsverzeichnis 2015 521

Mit Flughäfen,

liebe Kolleginnen und Kollegen,

müsste sich soziologisch Einiges machen lassen. Ich sammle einfach ein paar Beobachtungen und Ideen. Nichts Besonderes.

Die Anfahrt: Allgemein bekannt dürfte sein, dass die Fahrt zum Flughafen der gefährlichste Teil einer Flugreise ist. Zugleich ist sie der am schlechtesten planbare Teil. Während sich Landungen in der Regel auf die Minute genau vorhersagen lassen, hängt die Fahrt zum Flughafen stark von der Anbindung an die Stadt, vom gewählten Verkehrsmittel und der Tageszeit (Boulevard périphérique!) ab. Darum muss man Zeitpuffer einbauen, was die Gesamtreisezeit deutlich verlängert. Hinzu kommt das Problem der Zufahrtsmöglichkeiten und der Wege bis in den Flughafen. (Warum eigentlich ist Tegel nicht Weltmodell? Die Bus- und Taxiauffahrt in den Kreisverkehr mit Möglichkeiten für einen kurzen Halt, von dem aus man mit ein paar Schritten am Gate ist, scheint mir ideal). Flughafentaxis wären ein eigenes Thema; unter anderem wichtig für die soziologische Selbstbeobachtung; insbesondere all jener, deren international vergleichende Empirie ausschließlich aus Gesprächen mit Taxifahrern stammt.

Das Innere des Flughafens: Ich erinnere mich an einen Bericht im Guardian vor vielen Jahren, in dem der Flughafen Heathrow als »Vorhölle« bezeichnet wurde. Am nächsten Tag war in der Zeitung eine eher kraftlose Entgegnung des Flughafenmanagements, dass es ganz so schlimm vielleicht doch nicht sei.

Flughäfen sind gebaute Regulierungen von Personenströmen. Schon eine kursorische Beschreibung dieser Ströme innerhalb eines Flughafens würde zu interessanten Einsichten und Anschlussfragen führen. Welche Personenströme müssen unterschieden werden? Kunden, Personal, Sonstige. Wann und an welchen Kreuzungspunkten können/müssen unterschiedliche Personenströme miteinander in Berührung kommen? Welche sind strikt zu separieren? Wie sieht dies im Normalbetrieb aus, wie in Sondersituationen? Vor der Eröffnung eines neuen Flughafens wird das Managen der unterschiedlichen Personenströme tagelang geprobt. Manchmal kommen dabei haarsträubende Fehler zutage, die Umbauten in letzter Minute erforderlich machen.

Im Prinzip geht es darum, die Personenströme möglichst in Fluss zu halten und den Zeitaufwand für den Weg vom Betreten des Flughafens bis zum Zielpunkt (Abfluggate, Arbeitsplatz) möglichst zu reduzieren. Aber nur im Prinzip. Denn Flughäfen haben Zusatzaufgaben, die sich nur erfüllen lassen, wenn man manche Personenströme bremst. Wie sehen die Verbindungen zwischen der Basisaufgabe eines Flughafens (Personen- und Gütertransport) und Zusatzaufgaben (Einzelhandel) aus? Ab wann und warum werden die Zusatzaufgaben zur Behinderung der Grundaufgabe? Dem Vernehmen nach machen Flughäfen den Großteil ihrer Gewinne mit dem Einzelhandel (das kann aber eigentlich nur für Flughäfen mit Transferpassagieren zutreffen.)

Als Einstieg in die Phänomenologie der inneren Abläufe eines Flughafens empfehle ich,»Come fly with me« von und mit David Walliams und Matt Lucas anzusehen.

Entwicklungspfade: Welche Implikationen haben die unterschiedlichen Produktstrategien von Airbus (A380-800 mit max. 853 Passagieren) und Boeing (747-8 mit max. 605 Passagieren) für die Entwicklungspfade des Weltflugverkehrs? Perspektivisch steht dahinter die Alternative zwischen einer globalen Infrastruktur, die entweder aus einigen Megaflughäfen mit sehr hohen Flugfrequenzen und sternförmigen Zubringersystemen besteht oder aus untereinander verbundenen mittelgroßen Flughäfen, was zwar mehr Direktflüge, aber niedrigere Flugfrequenzen bedeutet. Aus jedem der beiden Entwicklungspfade, so meine ich, ergeben sich andere ökonomische, verteilungspolitische, ökologische und wohl auch demokratiepolitische Konsequenzen.

Also. Warum interessiert sich die Soziologie so wenig für Flughäfen, abgesehen von Protest und Widerstand gegen den Ausbau von Startbahnen? Und warum arbeiten so wenige Soziologinnen und Soziologen auf Flughäfen? Ich kenne einen einzigen. 2014 gab es 3,3 Milliarden Fluggäste weltweit (IATA). Als Hinweis auf eine gewisse Relevanz des Themas müsste das reichen.

Ihr
Georg Vobruba

In wessen Namen?

Über den Vertretungsanspruch von Intellektuellen

Johannes Weiß

Die besondere Perspektive, in der hier das Thema in den Blick genommen wird, erfordert zunächst eine kurze Begriffsklärung nebst einigen Erläuterungen.

Das mit »stellvertretendem Handeln« Gemeinte lässt sich am besten mit der alten Juristenformel »alieno nomine agere« beschreiben – ein Handeln also, das von bestimmten Menschen im Namen anderer vollzogen wird derart, dass es, was seine Bedeutung und seine Folgen betrifft, einem Handeln der Vertretenen gleich gesetzt wird.

Vertretungsverhältnisse sind für die politische und wirtschaftliche Ordnung moderner Staaten von großer Wichtigkeit und deshalb rechtlich genau normiert, was ihren Zweck, ihre Voraussetzungen und ihre Grenzen angeht. Sie sind aber keineswegs auf diesen rechtlich normierten Bereich beschränkt. Ob von stellvertretendem Handeln gesprochen werden kann, ist für die Soziologie eine empirische Frage.[1] Um ihr nachzugehen, ist aber der Anschluss an die – nicht mehr normativ, sondern idealtypisch aufgefasste – juristische Begrifflichkeit möglich und deshalb sehr sinnvoll, weil stellvertretendes Handeln auf diese Weise analytisch scharf von ähnlich erscheinenden Beziehungsformen (symbolische Repräsentation, Solidarität, Substitution, Delegation, Übermittlung, Vermittlung, Handeln im Interesse von etc.) und auch von ganz anderen Funktionen (Führerschaft, Vorbild-

---

1 Stellvertretung ist also, aus soziologischer Sicht, in dem Maße als ein *fait social* gegeben, als die Chance besteht, dass ein Handlungszusammenhang von den darin einbezogenen Akteuren als Vertretungszusammenhang interpretiert und vollzogen wird.

lichkeit) unterschieden werden kann, mit denen es sich in der gesellschaftlichen Realität oft verbindet und vermischt. Ob und unter welchen Voraussetzungen ein Vertretungsanspruch von *Intellektuellen* als wohlbegründet und also »legitim« zu gelten hat, ist keine von der Soziologie zu beantwortende Frage. Die folgenden Darlegungen handeln davon, mit welcher Begründung und in welcher Form er historisch zur Geltung und zu beachtlicher Wirksamkeit gekommen ist, warum er diese Geltung und Wirksamkeit fast vollständig verloren und ob er unter den grundlegend veränderten Bedingungen und in verwandelter Form womöglich doch eine Zukunft hat. Das Vorzutragende besteht so aus drei Teilen:

(a) der knappen Skizze eines – zumeist ausdrücklich – an der Idee der Stellvertretung orientierten Vorstellungssyndroms, das über einen langen Zeitraum hinweg in den westlichen Gesellschaften (und darüber hinaus) die Stellung und Wirkung öffentlicher Intellektueller sehr wesentlich begründet und getragen hat, und dies nicht nur in ihrer Selbstwahrnehmung und Selbstrechtfertigung,

(b) einigen kurzen Darlegungen zu den Gründen des weit fortgeschrittenen Verschwindens dieses Vorstellungssyndroms, sowie

(c) ganz vorläufigen Überlegungen zu der Frage, ob damit die öffentlichen Intellektuellen ihre gesellschaftlich-politische Bedeutung und Rolle überhaupt verlieren oder ob es andere Formen stellvertretenden Handelns gibt, die ihrer spezifischen Aufgabe und Kompetenz ebenso gemäß sind wie der Lage und den Bedürfnissen der zu Vertretenden.

1.

Keineswegs ausschließlich, aber doch in seiner reinsten und auch politisch bei weitem wirksamsten und folgenreichsten Ausprägung, findet sich das gemeinte Vorstellungssyndrom in revolutionären, insbesondere sozialistisch-kommunistischen Bewegungen. Das hängt aufs engste damit zusammen, dass solche Bewegungen auf anspruchsvolle und zugleich allgemeine Geltung beanspruchende Ideen angewiesen sind, damit aber auch auf Menschen, die solche Ideen schaffen, klären, verkünden und gegen Kritik verteidigen, also in ihrer überlegenen »Wahrheit« vor Augen stellen bzw. gedanklich und rhetorisch so zuspitzen, also radikalisieren können, dass an-

dere und immer mehr Menschen davon ergriffen und zu kollektivem Handeln motiviert werden. Die Ideen, um die es hier geht, müssen
- eine umfassende Beschreibung und Erklärung der gegebenen (welt-)geschichtlichen Lage liefern,
- die Notwendigkeit und die Richtung ihrer Überwindung vor Augen führen, deshalb
- mit der Diagnose des geschichtlich Gegebenen dessen radikale *Kritik*, also eine verändernde, wenn nicht gar revolutionäre Praxis leitende Wertsetzung, unauflöslich verknüpfen und dies alles
- mit dem Anspruch auf »Wahrheit«, also auf Vernunft oder überlegene wissenschaftliche Einsicht verbinden.

Solche Ideen beanspruchen also eine allgemeine, im besten Falle allgemeinmenschliche Bedeutung und Geltung. Sie können aber, dem hier im Blick stehenden Vorstellungssyndrom gemäß, von der Mehrzahl der Menschen – und zwar auch von denen, die sie am meisten angehen – nicht in ihrer Begründung, ihrem Sinn und in ihren logischen und praktischen Konsequenzen mit hinreichender Klarheit erfasst, ausgesprochen und in der rechten Weise ins Handeln übersetzt werden. Deshalb bedarf es der dazu Befähigten, die diese Aufgabe nicht nur im Interesse, sondern auch im Namen der Vielen übernehmen. Solche Stellvertretung beruht nicht notwendiger Weise auf einem ausdrücklichen Auftrag von Seiten der Vielen und auch keiner ständigen Rückversicherung durch Rekurs auf deren faktische Bewusstseinslage oder Realitätswahrnehmung – dies insbesondere dann nicht, wenn die Begrenzung des Wahrnehmungs- und Urteilsvermögens der Vielen sich ebenfalls aus jener »wahren« Analyse der geschichtlich-gesellschaftlichen Situation erklärt.

Die Voraussetzungen und die Wirksamkeit, aber auch die – als solche durchaus gesehene – Problematik dieses Vorstellungssyndroms ist, wie bemerkt, am besten am Selbstverständnis und an der Rolle der intellektuellen Protagonisten der sozialistisch-kommunistischen Bewegung zu exemplifizieren und zu studieren – so an Karl Marx, der den in einem Brief an Engels als »Knoten« abqualifizierten Aktivisten der Bewegung gegenüber auf seiner Selbstlegitimierung als Theoretiker bestand.

Entgegen einer naheliegenden, etwa aus der Kritik der Hegelschen Rechtsphilosophie abzuleitenden Vermutung hat sich Marx offenbar durchgehend für die Unverzichtbarkeit der »Repräsentation« bzw. Vertretung in den anstehenden politischen Umwälzungen ausgesprochen, so in einer Kritik der »Konspirateure von Professsion« in *Der achtzehnte Brumaire des Louis Bonaparte*. Ganz von ihrer »Projektemacherei« beansprucht und eingenommen, verachteten diese berufsmäßigen Verschwörer »aufs tiefste die mehr theoretische Aufklärung der Arbeiter über ihre Klasseninteressen. Daher ihr nicht proletarischer, sondern plebejischer Ärger über die habit noirs (schwarzen Röcke), die mehr oder minder gebildeten Leute, die diese Seite der Bewegung vertreten, von denen sie aber, als von den offiziellen Repräsentanten der Partei, sich nie ganz unabhängig machen können«. (zit. nach Benjamin 1974: 514 f.; vgl. auch Spivak 1988: 276 ff.)

Lenin begründete seinen intellektuellen und politischen Führungsanspruch mit dem begrenzten Wahrnehmungs- und Interessenhorizont der Vertretenen (wozu Lukács in *Geschichte und Klassenbewusstsein* die geschichtsphilosophische Begründung lieferte), und Trotzki stellte sich zwar scharf gegen den »Jakobinismus« und das »Stellvertretertum« Lenins, dies aber nur, um seinen eigenen Vertretungsanspruch umso apodiktischer zu behaupten: »Wir wollen Repräsentanten objektiver Tendenzen sein« (vgl. Weiß 1998: 170; Weiß 2005).

2.

Die Selbstzersetzung und das weitgehende Verschwinden dieses Begründungs- und Rechtfertigungssystems in den vergangenen Jahrzehnten, keineswegs erst seit dem Zusammenbruch des Sowjetkommunismus, liegen offen zutage und sind an dieser Stelle nicht einmal skizzenhaft nachzuzeichnen. Tatsächlich wirft die Unvermeidlichkeit dieses Niedergangs, die unter anderem ein Merkmal und großes Problem der Studentenrevolte der 1960er Jahre war (siehe dazu Koenen 2001), viel *weniger* Verständnisprobleme auf als seine Langlebigkeit und die staunenswerte Verspätung, mit der sich in diesem Zusammenhang die Einsicht in das Ende der sogenannten »großen Erzählungen« durchsetzte.

Die Kritik eines universellen, da durch allgemeingültige Erkenntnisse und Wertsetzungen begründeten Vertretungsanspruchs von Intellektuellen geht der – mittlerweile fast unwidersprochen dastehenden – allgemeinen Behauptung voraus, dass das Zeitalter der öffentlichen, kulturellen und politischen Wirksamkeit von Intellektuellen, damit aber auch ihrer Existenznotwendigkeit überhaupt, ans Ende gekommen sei. Diese Kritik trat auch als fundamentale Selbst-Kritik auf den Plan, und sie wurde sehr nachdrücklich von Intellektuellen vorgebracht, die sich der politischen Linken zurechneten und eine bedeutende Rolle in der politischen Öffentlichkeit spielten. Nach Gramsci, der das Vertretungsproblem mit Hilfe der Konzeption des »organischen Intellektuellen« zu lösen oder wenigstens zu minimalisieren suchte (Gramsci 1980), sagte sich so vor allem Sartre von dem Anspruch los, den »objektiven Geist« der »immensen Majorität« des Industrie- und Agrarproletariats zu vertreten. Sartre zog daraus die Konsequenz, dass der Intellektuelle »allein« sei, »weil niemand ihm einen Auftrag gegeben hat« (Sartre 1972: 65, 59). Lange bevor Sartre zu dieser Einsicht und Konsequenz kam, war ihm und seinesgleichen Albert Camus 1951 mit *L'homme revolté* scharf entgegengetreten (Camus 2013). Vor allem an Saint-Just[2] zeichnet er nach, wie ein ebenso unbedingter wie unbegründeter Vernunftanspruch zu Verbrechen und Terror »aus logischer Überlegung« führt, um darauf von Sartre von oben herab abgefertigt und öffentlich hingerichtet zu werden: »Und was, wenn Ihr Buch einfach nur von Ihrer philosophischen Inkompetenz zeugen würde? [...] Wenn Sie nicht besonders gut denken könnten? Wenn Ihre Gedanken vage und banal wären?« (zit. nach Radisch 2013: 256). Damit, so bemerkt Iris Radisch sehr treffend, habe sich Sartre nicht nur gegen ein aus seiner Sicht »verunglücktes und wirres Buch« gewendet, sondern »gegen die Voraussetzungen eines ganzen Werks, das sich zu Unrecht anmaße, im Namen der Armen und Aufrechten zu sprechen. Dieser angemaßten Bruderschaft der Aufrechten gehöre in Wahrheit nämlich niemand außer Camus selbst an« (ebd.: 255).

Im Unterschied zu Sartre wandte sich Pierre Bourdieu – als Soziologe und als öffentlicher Intellektueller gleichermaßen einflussreich – schon in seinen frühen Jahren (Bourdieu 1972) gegen die Marxsche »Forderung nach bedingungsloser Delegierung« als einer extremen Form der »Enteignung« des Volks durch die über das nötige »kulturelle Kapital« Verfügenden.[3]

Die Schlussfolgerung aus solcher Selbst-Kritik lautet, wie bei Sartre, dass Intellektuelle hinfort nicht mehr im Namen der Menschheit, des Proletariats (mit seiner menschheitsgeschichtlich singulären Rolle) oder des Volks etc., sondern nur noch im eigenen Namen sprechen und agieren

---

2 Nach Lamartines Beschreibung »kalt wie eine Idee«, »grausam wie ein abstrakter Begriff«: »War seine Rede beendet, so trat er schweigsam und ungreifbar zurück, nicht wie ein Mensch, sondern wie eine Stimme« (Lamartine 1947: 159).
3 Wie bedingungslos Marx seinen Vertretungsanspruch aus einem egalitären Universalismus ableitete, lässt sich an seiner – von Sartre scharf kritisierten – Behauptung erkennen, dass die wahre Emanzipation der Juden nur in ihrer Emanzipation vom Judentum bestehen könne.

könnten. Tatsächlich scheint dies die einzig mögliche, also zwingend gebotene Konsequenz zu sein, und so resümiert auch Georg Vobruba in seiner auf das Vertretungsproblem am Rande anspielenden Erörterung einiger Bücher[4] zur Intellektuellen-Forschung aus den letzten Jahren mit der Feststellung, dass der neue, selbstkritisch gewordene Intellektuelle »moralisch und politisch auf eigene Rechnung« agiere, »ohne Rückversicherung in voraussetzbare Gewissheiten« (2011: 328).

3.

Die Absage an den Vertretungsanspruch der Intellektuellen hat sich in den vergangenen Jahrzehnten, insbesondere im Umkreis einer nicht nur un-, sondern dezidiert anti-orthodoxen Linken beträchtlich radikalisiert. Dies geschah offenbar unter dem Einfluss neuerer Denkströmungen: des Postmodernismus im Allgemeinen, des Poststrukturalismus, Postkolonialismus und bestimmter Ausformungen des Feminismus im Besonderen.

Diese Radikalisierung betraf zweier Annahmen, die mit zwei scharf voneinander zu unterscheidenden, aber doch miteinander verknüpften Begriffen von »Repräsentation« zusammenhängen. So wurde einerseits ganz grundsätzlich in Frage gestellt, dass es so etwas wie eine wahre, also allgemein verbindliche Repräsentation von Wirklichkeiten (und so auch von sozio-ökonomischen Realitäten oder Not-, Bedürfnis- und Interessenlagen) überhaupt geben könne. Andererseits wurde behauptet, die Vorstellung eines »Subjekts« als eines Erzeugers, Trägers oder Adressaten solcher Wahrheiten habe sich als obsolet und unhaltbar erwiesen – derart, dass Intellektuelle nicht einmal in Bezug auf und für sich selbst, also im *eigenen* Namen, im Sinne solcher Wahrheiten sprechen und handeln könnten, damit erst recht nicht im Namen Anderer.

Eine Erörterung und scharfe Kritik dieses »nonrepresentativist vocabulary« (bei Foucault und Deleuze vor allem) findet sich wiederum bei Spivak: Dahinter stecke nichts anderes als »the first-world intellectual masquerading as the absent nonrepresenter who lets the oppressed speak for themselves« (1988: 292). Ob dies der Position von Foucault und Deleuze gerecht wird, erscheint allerdings fraglich. Offenbar sind deren Auffassungen differenzierter. So wäre bei Foucault das Konzept des »spezifischen

---

4 Dietz Bering, Tony Judt, Michel Winock und Noam Chomsky.

Intellektuellen« zu prüfen, bei Deleuze die umfänglichen Überlegungen, die er dem »Fürsprecher« und besonders dem Fürsprecher-Bedarf der Linken widmet: »Die Linke braucht indirekte und freie Fürsprecher«, nicht »fix und fertige« wie die Rechte, aber auch nicht das, was von der Kommunistischen Partei unter dem »lächerlichen Namen« »Weggefährten« entwertet worden sei (Deleuze 1993: 185).

Gegen eine »absolute de-authorization of all practices of speaking for« äußert sich ebenfalls, an Spivak anschließend, Alcoff: »Sometimes [...] we do need a messenger to and advocates of our needs« (1995: 116). Diese Bemerkungen zeigen allerdings auch, wie unverzichtbar es ist zu klären, was mit einem »repräsentativen« (qua stellvertretenden) »Sprechen für« im engeren Sinne gemeint ist.

4.

Der Niedergang der öffentlichen, vornehmlich politischen Bedeutung und Wirksamkeit der Intellektuellen, damit der Intellektuellen im eigentlichen Sinne überhaupt, ist zweifellos die Folge einer mit innerer Folgerichtigkeit sich vollziehenden Auflösung ihres überkommenen Vertretungsanspruchs.

Aber haben wir es hier tatsächlich mit einer zwingenden Konsequenz zu tun? Oder geht es nicht viel eher um die unter Intellektuellen auch sonst übliche Neigung, auf die Enttäuschung fragwürdiger und jedenfalls ganz überzogener Ansprüche auf alle Ansprüche zu verzichten? Bleibt, wenn eine allgemeine Repräsentation sich als gedanklich wie faktisch unmöglich erwiesen hat, nur übrig, sich auf ein Sprechen und Handeln im eigenen Namen zu *beschränken*? Impliziert ein solches Handeln nicht auch ganz eigene Motive und Möglichkeiten, für *bestimmte* Andere einzutreten?

5.

Stellvertretendes Sprechen und Handeln ist mit Notwendigkeit ambivalent. Die Vertretenen können dadurch ihres Eigenen beraubt, in ein Allgemeines »aufgehoben« und für dessen Zwecke – wenn nicht gar, unter diesem ideologischen Deckmantel, für die sehr partikularistischen Zwecke der Vertretenden – instrumentalisiert werden.[5] Nicht nur de facto, wenn auch im Widerspruch zu der ihn begleitenden Rechtfertigungsrhetorik, hat der in Verruf geratene Vertretungsanspruch von Intellektuellen in die Richtung der Entmündigung der Vertretenen gewirkt, sondern oft mit Notwendigkeit, also gemäß seiner ganz ausdrücklichen Rechtfertigung und inneren Logik.

An eben dieser Missbrauchsmöglichkeit setzt alle prinzipielle Kritik an Vertretungsverhältnissen regelmäßig an. Solche grundsätzliche Kritik verkennt aber ebenso regelmäßig, dass Stellvertretung sehr oft die einzige resp. einzig wirksame Art und Weise ist, das ganz Eigene und Eigentümliche bestimmter Menschen oder Menschengruppen *überhaupt* wahrnehmbar und wirksam zu machen.

Dass Menschen mit Willen und Bewusstsein für andere eintreten, in ihrem Namen sprechen und handeln und es ihnen so ermöglichen, die Voraussetzungen und Spielräume ihres Handelns selbst wahrzunehmen und zu nutzen, ist keine bloße, aus abstrakten, weltfremden Erwägungen abzuleitende Denkmöglichkeit, sondern eine gut gesicherte empirische Erkenntnis. Und zu denen, die Stellvertretung in dieser Weise verstehen und praktizieren, gehörten immer und gehören weiterhin, und dies mit eher zunehmender Notwendigkeit, auch Intellektuelle. Das sei wenigstens in knapper, thesenartiger Form erläutert.

6.

Selbst dann, wenn Intellektuelle – verstanden als herausragende, auf Wirkung bedachte Protagonisten des öffentlichen Nachdenkens, Redens und Handelns – ganz und gar »auf eigene Rechnung, ohne Rückversicherung in voraussetzbaren Gewissheiten« agieren, ist, und zwar sowohl in der Selbst- wie in der Fremdwahrnehmung, die Vorstellung konstitutiv, dass sie dies auch stellvertretend für andere Menschen und Menschengruppen tun.

Diese Vorstellung ist eng, obzwar nicht notwendiger Weise, mit dem öffentlichen Sprechen als einem solchen verbunden, sofern das Öffentliche nicht nur der Ort und der Adressat, sondern als *res publica* auch der Gegenstand resp. die Wirklichkeit solchen Redens und Handelns ist.

Die allgemeinen Angelegenheiten, um die sich Intellektuelle zu kümmern haben, können, müssen aber keineswegs alle Menschen oder alle An-

---

5 Zu weiteren Missbrauchsmöglichkeiten vgl. Alcoff (1995: 115 f.).

gehörigen irgendeines Kollektivs in gleicher Weise betreffen. Das Allgemeine oder Universelle kann viel mehr genau darin liegen, für das Recht auf Besonderheit oder Singularität bestimmter Menschen oder Menschengruppen einzutreten – *wenn* dieses Recht, als Recht auf Differenz, ebenso allgemein gilt wie das Recht auf Gleichheit.

Ein öffentliches Eintreten, ein stellvertretendes Sprechen und Handeln für Menschen oder Menschengruppen hinsichtlich dessen, worin sie eigentümlich und sogar singulär sind, ist kein Widerspruch in sich, und zwar auch nicht für Intellektuelle. Im Deutschen ist, nach einer Bemerkung von Hans-Georg Gadamer (1987: 254) das »Vertreten« etymologisch eng verwandt mit dem »Verstehen«. Ein Vertreten, das die Anderen nicht in ihrer Andersheit neutralisieren oder in ein Allgemeines aufheben, sondern eben darin anerkennen und stärken will, hat sich tatsächlich, wenn nicht der einen und für alle gleichermaßen wahr sprechenden Vernunft, so doch des Verstehens zu bedienen, wenn es sich im Namen der Anderen in ihrer Andersheit vollzieht.

Während die Intellektuellen alter Art (als »allgemeine Repräsentanten«) sich in ihrem Vertretungsanspruch mit einem *Universalismus der Gleichheit* legitimiert sehen konnten, können sich die Intellektuellen neuer Art auf einen – gleichermaßen modernen – *Universalismus der Differenz* berufen (Weiß 2006a): Sie vertreten das Partikulare oder Singuläre bestimmter Menschen oder Menschengruppen nicht nur als solches in seiner unendlichen Vielfalt und Beliebigkeit, sondern als ein universelles Recht.

Das Partikulare und unter Umständen ganz Singuläre der zu Vertretenden macht es unverzichtbar, dass diese Intellektuellen, anders als die alter Art, mit diesem Partikularen und womöglich Einzigartigen wohlvertraut sind und sich dieser Vertrautheit immer aufs Neue vergewissern. In diese Richtung zielt die an sie in einschlägigen Erörterungen (Spivak 1988: 235; (Hill Collins 1990: 233) gerichtete Forderung der »Einbettung«. Allerdings ist sehr fraglich, ob das Universelle aus dem Umgang mit dem Partikularen ohne weiteres hervorgeht.[6] Eher bedarf es hier einer hermeneutischen Zirkelbewegung, in der sich herausstellen muss, wie das Partikulare und das Allgemeine sich wechselseitig fordern, bestimmen und begrenzen.

Dieser, wie mir scheint, sehr wichtige Punkt bedarf in besonderem Maße der weiteren Klärung. Dabei muss es in der Hauptsache um die außerordentlichen Fähigkeiten gehen, derer die Intellektuellen bedürfen,

---

6 »the universal comes from the particular« – Niki Giovanni 1988, zit. nach Hill Collins (1990: 233).

um solches zu leisten, sowie um die gegenläufige Frage, ob nicht zu viel soziale, kommunikative und womöglich auch emotionale Einbindung die Intellektuellen gerade daran hindern könnte, diese Aufgabe der Vermittlung zwischen dem Partikularen oder Singulären und dem Allgemeingültigen zu erfüllen. Damit hängt offenbar auch die Frage zusammen, ob ein stellvertretendes Handeln, das aus der betreffenden Gruppe heraus resp. von unmittelbar Betroffenen vollzogen wird, immer überzeugender und wirksamer ist als ein »von außen« kommendes. Wie wenig selbstverständlich das ist, lässt sich an der Vertretung entscheidungsunfähiger Menschen erkennen, aber auch schon an der Vertretung vor Gericht und sogar an der politischen, parlamentarisch-demokratischen Repräsentation.

7.

Das Gesagte mag erdacht erscheinen, hat aber viel Evidenz auf seiner Seite. Weder logisch noch tatsächlich liegt ein Widerspruch darin, dass Intellektuelle, die aus ihrer ganz persönlichen, oft sogar tiefer Einsamkeit entspringenden Erfahrung heraus sprechen, mit besonderem Verständnis und großer Überzeugungskraft für das Ureigenste und deshalb im strengen Sinne nicht Vertretbare anderer Menschen[7] und ihrer Daseinsweise eintreten – derart, dass diese Menschen über kurz oder lang für sich selbst einzustehen vermögen.[8]

Vermutlich ist die Aufgabe, in diesem Sinne für *bestimmte* Andere zu sprechen und einzutreten, besser von der literarischen als der wissenschaftlichen, theoretischen Intelligenz zu erfüllen. Das erklärt die poetische, gewiss auch pathetische Sprache, in der Albert Camus am Ende seiner Essays das »mittel-

---

7 Zu den Grenzen der Stellvertretung siehe Weiß 2006b.
8 Der Gedanke, dass Verallgemeinerung in diesem Falle aus der tiefsten Vereinzelung entspringt, könnte von dem ausgehen, was Friedrich Engels, nachdem er sich mit Karl Marx verbündet hatte, diesem am 19. November 1844 in einer spontanen Reaktion auf die Lektüre von Max Stirners *Der Einzige und sein Eigentum* schrieb: Was an Stirners »auf die Spitze getriebenem« Egoismus wahr sei, müsse aufgenommen werden. »Und wahr ist daran allerdings, dass wir eine Sache erst zu unserer eigenen, egoistischen Sache machen müssen, ehe wir etwas dafür tun können – dass wir also in diesem Sinne, auch abgesehen von etwaigen materiellen Hoffnungen, auch aus Egoismus Kommunisten sind, aus Egoismus *Menschen* sein wollen [...]« (Marx, Engels 1975: 252). Anders als bei Feuerbach sei ›der Mensch‹ (sic) vom »empirischen, leibhaftigen Individuum«, »das Allgemeine vom Einzelnen« abzuleiten (252 f.).

meerische Denken« und damit die besondere Erfahrung zum Ausdruck bringt, die Menschen zur Revolte verbindet: »Auf der Mittagshöhe des Denkens lehnt der Revoltierende so die Göttlichkeit (das ist jedes Absolute; J.W.) ab, um die gemeinsamen Kämpfe und das gemeinsame Schicksal zu teilen. Wir entscheiden uns für Ithaka, die treue Erde [...]« (Camus 2013: 399). In diesem Licht bleibe »die Welt unsere erste und letzte Liebe. Unsere Brüder atmen unter dem gleichen Himmel wie wir; die Gerechtigkeit lebt. Dann erwacht die sonderbare Freude, die zu leben und zu sterben hilft und die auf später zu verschieben wir uns fortan weigern. [...]« (ebd.).

Nicht von ungefähr spricht Camus hier von einer sozialen Beziehung, die *begrifflich* deutlich von stellvertretendem Handeln zu unterscheiden ist,[9] der Solidarität. Sie ist das Leitmotiv des politischen Engagements des Philosophen (Marin 2013), scheint jedoch inzwischen fast noch mehr ›aus der Zeit gefallen‹ und also aus der Rhetorik der politischen Öffentlichkeit verschwunden zu sein als die Idee der Stellvertretung. Aber vielleicht führt der Versuch, das Eine mit dem Anderen auf neue Weise zu verbinden, weiter, vor allem im Handeln, aber auch im Denken.[10]

Literatur

Alcoff M. L. 1995: The Problem of Speaking for Others. In J. Roof, R. Wiegman (Hg.), Who can Speak? Authority and Critique Identity. Urbana: University of Illinois Press, 97–119.
Benjamin, W. 1974: Charles Baudelaire. Ein Lyriker im Zeitalter des Hochkapitalismus. Gesammelte Schriften, Band I.2. Frankfurt am Main: Suhrkamp.
Bourdieu, P. 1975: Sozialer Raum und »Klassen«. Leçon sur la leçon. Frankfurt am Main: Suhrkamp.
Camus, A. 2013: Der Mensch in der Revolte. Essays. 30. Aufl. Reinbek bei Hamburg: Rowohlt.
Deleuze, G. 1993: Unterhandlungen 1972–1990. Frankfurt am Main: Suhrkamp.
Gadamer, H.-G. 1987: Frühromantik, Hermeneutik, Dekonstruktivismus. In E. Behler, J. Hörisch (Hg.), Die Aktualität der Frühromantik. Paderborn: Schöningh, 251–260.
Gramsci, A. 1980: Zur Politik, Geschichte und Kultur. Ausgewählte Schriften. Frankfurt am Main: Suhrkamp.

---

9 Das geschieht, wenig beachtet, bei Max Weber (2013: 202 ff.).
10 Ich danke Barbara Thériault für wichtige Denkanstöße (siehe Thériault, Bilge 2010, dazu auch Hébert 2010), Wolfgang Eßbach für den Hinweis auf den Engels-Brief.

Hébert, K. 2010: Intellectuels, représentation et vérité. Essai de sociologie des intellectuels. Sociologie et sociétés, 42. Jg., Heft 1, 71–93.

Hill Collins, P. 1990: Black Feminist Thought: Knowledge, Consciousness, and the Politics of Empowerment. London: Harper-Collins.

Koenen, G. 2001: Das rote Jahrzehnt. Unsere kleine deutsche Kulturrevolution 1967–1977. Köln: Kiepenheuer und Witsch.

Lamartine, A. de 1947: Girondisten und Jakobiner. München: Verlag Kurt Desch.

Marin, L. (Hg.) 2013: Albert Camus: Libertäre Schriften (1948–1960). Hamburg: Laika Verlag.

Marx, K., Engels, F. 1975: Gesamtausgabe (MEGA). Dritte Abteilung. Briefwechsel, Bd. 1. Berlin: Dietz Verlag.

Radisch, I. 2013: Camus. Das Ideal der Einfachheit. Eine Biographie. Reinbek bei Hamburg: Rowohlt.

Sartre, J. P. 1972: Plaidoyer pour les intellectuels. Paris: Gallimard.

Spivak, G. C. 1988: Can the Subaltern Speak? In C. Nelson, L. Grossberg (Hg.), Marxism and the Interpretation of Culture. Urbana: University of Illinois Press, 271–313.

Thériault, B., Sirma B. 2010: Présentation: Des passeurs aux frontières. Sociologie et sociétés, 42. Jg., Heft 1, 9–15.

Vobruba, G. 2011: Das Problem der Intellektuellen. Berliner Journal für Soziologie, 21. Jg., Heft 2, 321–329.

Weber, M. 2013: Wirtschaft und Gesellschaft. (MWG I/23). Hrsgg. von K. Borchardt, E. Hanke und W. Schluchter. Tübingen: J.C.B. Mohr (Paul Siebeck).

Weiß, J. 1998: Handeln und handeln lassen. Über Stellvertretung. Opladen, Wiesbaden: Westdeutscher Verlag.

Weiß, J. 2005: Heillose Vernunft, hemmungslose Gewalt. Über die Modernität des Terrorismus. In B. Schäfer, J. Stagl (Hg.), Kultur und Religion, Institution und Charisma im Zivilisationsprozess. Festschrift für Wolfgang Lipp. Konstanz: UVK, 327–339.

Weiß, J. 2006a: Universalismus der Gleichheit, Universalismus der Differenz. In I. Srubar, J. Renn, U. Wenzel (Hg.), Kultur vergleichen. Sozial- und kulturwissenschaftliche Grundlagen und Kontroversen. Wiesbaden: VS, 79–89.

Weiß, J. 2006b: Grenzen der Stellvertretung. In J. C. Janowski, B. Janowski, H. P. Lichtenberger (Hg.), Stellvertretung. Theologische, philosophische und kulturelle Aspekte. Neukirchen-Vluyn: Neukirchener Verlag, 313–324.

»Nichts ist die Wirklichkeit selbst.«

*Thomas Luckmann, Hans-Georg Soeffner und
Georg Vobruba im Gespräch*

I. My idiot phone

Georg Vobruba: Das Teufelszeug funktioniert, glaub ich.

Thomas Luckmann: Was ist denn das überhaupt?

G.V.: Das ist ein iPad, ein Kleincomputer.

T.L.: Was heißt denn »i« überhaupt, in iPhoto, iPhone, iPad …?

Hans-Georg Soeffner: Information, dachte ich?

G.V.: Das ist eine gute Interpretation.

T.L.: Mir fällt immer gleich *idiot* ein.

H.-G.S: That's my idiot phone …

G.V.: Das Irrste an der Sache ist, das Gerät nimmt das Gespräch auf und, wenn man es kann – also ich kann es nicht –, kann man die Aufnahme automatisch transkribieren. Es überträgt das Gesprochene in Schrift. …
 Diese Apparate produzieren Daten und Daten und Daten. Mein Eindruck ist, dass die jungen Leute darin ertrinken.

T.L.: Also, wenn man alles aufnimmt, wenn man nicht selektiv aufnimmt. Dann ist es wie bei der NSA. Dann wird es gelagert und man weiß nicht, was man damit anfangen soll. Dann kann man die Krim nicht voraussagen.

G.V.: Bei der NSA ziehe ich daraus ein gewisses Sicherheitsgefühl, dass sie nicht wissen, was sie damit anfangen sollen. Aber Doktoranden auf dieser

Basis tun mir von Herzen leid. Wir bekommen Dissertationen, die dann 400 oder 500 Seiten haben, weil die Leute nicht wissen, was eigentlich das Interessierende ist.

T.L.: Man braucht ja nicht sehr viel. Zum Beispiel Fallanalysen. Man muss nur sehen, dass sich die Dinge, die Strukturen zu wiederholen beginnen. Es sind ja keine Stichproben. Wenn die Strukturen sich wiederholen oder nur kleine Variationen ergeben, dann hört man auf, dann braucht man nicht das Gleiche nochmal von vorn.

G.V.: Am Anfang muss man wissen, welche Strukturen man sucht, sonst findet man gar nichts.

T.L.: Ja, die von den Leuten selbst generierten. Das ist das Grundprinzip dabei.

G.V.: Also Sie würden nicht sagen, dass es ein Problem mangelnder Theorie ist, sondern der Aufmerksamkeit?

T.L.: Es ist ein Mangel der Theorie als Hintergrund. Also man muss theoretisch beschlagen sein bzw. eine Idee haben, worum es überhaupt bei den sozialen Verhältnissen geht. Wenn man die nicht hat, wenn man also *weberlos* ist, *durkheimlos* ist und in Gottes Namen sogar *parsonslos* ist, man könnte noch ein paar andere dazu setzen, dann kann man nicht viel anfangen mit dem Material, man weiß ja nicht, was man sucht. Aber wenn man weiß, was man im Prinzip sucht, dann schaut man nach, was die Leute selbst produzieren. Das ist, was mein lieber Freund Hans-Georg Hermeneutik nennt.

G.V.: Entweder bei Ihnen, Herr Luckmann, oder bei Schütz habe ich gelesen, dass man an seine Interviewpartner herantritt und plötzlich feststellt, die haben ja selbst Theorien.

T.L.: Ja, natürlich. Das wussten schon die Ethnologen, schon vor Schütz. Malinowski hat das schon gewusst, aber nicht so formuliert. Die sogenannten Kulturanthropologen gehen ja mit dem Begriff *folk theories* um, also das was die Leute sich darunter vorstellen.

G.V.: Soweit ich das kenne, haben sich ja dann die Ethnologen und Kulturanthropologen von diesen Theorien, die sie vorfanden, dadurch abgesetzt, dass sie ganz entschieden funktionalistisch interpretiert haben.

H.-G.S: Bei Malinowski ist das ganz deutlich der Fall. Bei Schütz gibt es die Interpretation der Alltagstheorien, das sind Konstruktionen erster Ordnung. Darüber schichtet sich dann die wissenschaftliche Analyse als Konstruktion zweiter Ordnung.

T.L.: Schütz ist der einzig Vernünftige dabei, denn die Konversationsanalytiker, also Garfinkel und Genossen, nehmen die *folk theories* als Theorie. Die *ethno methods*, die *folk theories*, die sie entdecken, reichen ihnen als Theorie schon aus.

G.V.: Dann müsste man einerseits nicht bei den Theorien stehenbleiben, die man in seinem Feld schon vorfindet, andererseits aber noch lange nicht funktionalistisch werden. Eigentlich am liebsten gar nicht.

T.L.: Da stimme ich mit Ihnen überein. Am liebsten gar nicht ... Durkheim war ja eine Art Funktionalist. Ich bin ja auch eine Art Funktionalist, eigentlich. Wenn ich daran denke, die *Invisible Religion* ist schon in der Richtung. Aber bestimmte Strukturen spezifischen Funktionen zuzuordnen, und wie Robert Redfield[1] zu sagen, so schaut die Mayakultur in Yukatan heute aus, das geht zu weit.

G.V.: Dass man funktionalistisch fragt, ist an und für sich nicht unbedingt sittenwidrig. Im Übrigen denken die Leute zum Teil selbst auch funktionalistisch. Da tun sie auch gut daran, denn Funktionen in diesem Sinn gibt es. Irgendwie hat man ohnehin den Eindruck, dass das Denken in Funktionen ein bisschen zu Unrecht einen zu schlechten Ruf hat.

T.L.: Naja, so wie es von vielen praktiziert wurde, hat es sich diesen schlechten Ruf verdient. Ich meine, die Idee, hinter alldem stehen die Funktionen, alles andere ist Oberfläche, ist ein Blödsinn. Aber das gibt es vielleicht noch.

G.V.: Ja das gibt es. Ist aber gegenüber den 1950er/60er Jahren schwer ins Hintertreffen geraten.

T.L.: Aber, dass Institutionen etwas bewirken, etwas wollen, dass sie eine Rolle haben im gesellschaftlichen Haushalt, also Funktionalismus im Durkheimschen Sinne, das leuchtet mir schon ein.

---

1 Robert Redfield, Chan Kom: A Maya Village. Chicago: UCP, 1934; The Folk Culture of Yucatan. Chicago: UCP 1941; A Village That Chose Progress: Chan Kom Revisited, Chicago: UCP, 1950. *(Diese und alle weiteren Anmerkungen wurden von der Redaktion ergänzt.)*

II. »Anch'io sono cattolico«

G.V.: Bevor wir das aus den Augen verlieren, inwiefern ist »The Invisible Religion« ein bisschen funktionalistisch?

T.L.: Da muss ich kurz überlegen und mich ein bisschen erinnern, was ich da geschrieben ... Hans-Georg hat dazu einmal eine sehr gute Besprechung geschrieben, also Du kannst das sicher besser als ich.

H.-G.S: Aber daran ist Georg nicht interessiert.

G.V.: Doch, doch!

T.L.: Ich würde sagen, die Grundidee von »Invisible Religion« ist in dem Sinn funktionalistisch, dass in der conditio humana Religion überall präsent ist, also in allen Gesellschaften. Dass der Animismus keine Geistesverwirrung ist, oder ein Kindheitsstadium. Dass Totemismus nicht eine Geistesverwirrung ist und dass nicht einmal das Christentum eine Geistesverwirrung ist, sondern dass Religion auf ganz bestimmte – im menschlichen Zusammenleben und im menschlichen Leben und Sterben angelegte – Probleme antwortet.

Ich bin auch ein Katholik. *Anch'io sono cattolico*. Kennst Du das Zitat?

H.-G.S: Ja, das Zitat kenne ich.

T.L.: Weißt Du, wo es herstammt?

H.-G.S: Nein, das weiß ich nicht, aber von Dir hör ich das oft.

T.L.: Giovanni, der einzige Papst, dem ich innerlich zugetan bin, den wir zusammen interpretiert haben, hat »Geistliche Tagebücher« geschrieben.[2] Die wurden von Herder auf Deutsch veröffentlicht. Das Nachwort stammt von Hannah Arendt. Sie erzählt darin eine Anekdote. Sie war damals in Rom, als Giovanni gewählt wurde ...

... ach, das ist die falsche Anekdote, die richtige dazu erzähle ich gleich. Hannah Arendt war also in Rom in einer Pension, und da gab es eine Kammerfrau. Und am Abend, als sie in die Pension zurückkommt, fragt die Kammerfrau, ob sie schon gehört habe, was passiert ist. »Wir haben einen Papst, und Sie werden es nicht glauben, er ist ein Gläubiger.«

---

2 Papst Johannes XXIII, *Geistliches Tagebuch und andere geistliche Schriften*. Freiburg: Herder, 1964.

T.L.: Anch'io sono cattolico. Dieses Zitat stammt von einem anderen Papst und gehört zu einer anderen Anekdote: Die Frau des Time Magazine-Herausgebers, Clare Boothe Luce, war von Eisenhower zur US-Botschafterin in Italien[3] ernannt worden. Sie war in Audienz beim Papst Pius XII. Clare Boothe Luce war eine typische Konvertitin und dem Papst hat sie genau erklärt, was so wunderbar am Katholizismus ist. Der hat sich das eine Weile angehört und dann gesagt: »Madame, anch'io sono cattolico.«

G.V.: Religion hat in der Soziologie im Moment eher Konjunktur. Das liegt, fürchte ich, sehr an der dunklen Seite der Religion oder mancher Religionen. Was zurzeit im Namen von Religion passiert, sollte einem soziologisch nicht gleichgültig sein.

T.L.: Ja, vor allem der islamische Terrorismus.

G.V.: Wobei man nochmal überlegen muss: Dunkle Seite von Religionen oder von Religion als solcher?

T.L.: Ja, das habe ich mir nie genau überlegt, dafür brauche ich jetzt eine halbe Stunde.

G.V.: Der Apparat nimmt gnadenlos auf ...

III. Hat Religion eine dunkle Seite?

H.-G.S: Bei Joas und anderen gibt es den Versuch, dieses Bedrohungspotential umzuformen in ein Versöhnungspotential, also zu sagen, der eigentliche Kern aller Religionen sei das Menschheitsverbindende. Das ist die eine Variante. Die andere ist die, die Du erwähnt hast, da spielt übrigens unser gemeinsamer Kollege Assmann eine bedeutende Rolle. Über den Monotheismus und über die im Monotheismus strukturell angelegte Tendenz zur alleinigen Wahrheit und damit zu einem Kampf um Wahrheit bis zum bitteren Ende. Das ist Assmanns These.[4]

T.L.: Naja, so ganz allgemein haben alle Institutionen, alle Kulturelemente eine böse Seite, ganz allgemein kann man das von allen behaupten, Sexualität, Machtinstitutionen und Religion ist da keine Ausnahme.

---

3 Botschafterin von 1953 bis 1956.
4 Jan Assmann, Monotheismus und die Sprache der Gewalt. Wien: Picus, 2006.

G.V.: Aber das Unbedingte am religiösen Wissen ...

T.L.: Naja, das sind ja nur die Experten, die sich darum scheren, also die Religionsexperten untereinander. Und die werden dann häufig einfach vorgeschoben um politische Interessen durchzusetzen, also etwa die Spaltung der orthodoxen von der katholischen Kirche.

G.V.: Mir fällt gerade eine These ein, ich kann nicht sagen, woher ich die habe ... sie ist vielleicht ein bisschen schwindelerregend. Die These führt die neueren aggressiven Tendenzen des Islam zurück auf die Alphabetisierung dieser Länder. Nämlich, dass man nicht mehr auf offizielle Interpretationen autorisierter Experten angewiesen ist, sondern dass jeder ein Stückchen Koran lesen und selbst interpretieren kann, sich selbst seinen Reim darauf machen kann.

H.-G.S: Ich hab es auch gelesen, das ist ein Theologe, es kann Friedrich Wilhelm Graf[5] gewesen sein, der versucht hat, das mit dem Protestantismus und den plötzlich entstehenden unterschiedlichen Missionsbewegungen gleichzusetzen, die alle urplötzlich der Meinung waren, jeder Prediger habe seine eigene Wahrheit gefunden, und dementsprechend gibt es diese Kämpfe zwischen den Gemeinden.

T.L.: Ich bin nicht überzeugt davon. Eine richtige Erklärung für dieses Aufflackern hat bisher niemand gefunden, und die Versuche, die ich flüchtig kenne, sind nicht einleuchtend. Aber grosso modo hat es natürlich etwas mit dem Bevölkerungszuwachs, mit der Verarmung zu tun. Der Islam war ja hochgradig aggressiv ... Das waren zuerst Stammeskämpfer, dann war es ein Weltreich. Die Osmanen waren aber verhältnismäßig tolerant. Die haben ein ziemlich tolerantes System gehabt.

G.V.: Also, wenn ich mir vage eine Theorie sozialen Wandels vorstelle, die beides umfasst, Entwicklungen von Denkstrukturen und die Technikentwicklung: Auf den ersten Blick würde ich dann denken, dass die gegenwärtige aggressive Welle des Islam einfach insofern Pech ist, als sie archaisches Wissen mit sehr modernen Waffen ausstattet. Von Ungleichzeitigkeit hat man früher gesprochen, wenn man nicht wusste, wie etwas zusammenpasst.

---

5 Professor em. für Systematische Theologie und Ethik an der Ludwig-Maximilians-Universität München.

T.L.: Ja, sicher, das macht sie gefährlich. Was sie außerdem erfolgreich macht, ist die NSA, die hat keine Ahnung, was passiert. Dass eine Weltmacht wie die USA, das römische Imperium der Neuzeit, nicht in der Lage ist, einen verwilderten Stamm zur Ordnung zu rufen, das ist wie Alexander in Afghanistan.

H.-G.S: Zu Deiner These zurück. Ich hab mir überlegt, aber bisher noch nirgendwo geschrieben ... Die Armut ist ja das Bindeglied. In den Anfängen des Christentums war das Christentum ja überwiegend eine Religion der Armen, das heißt, eine Religion derer, die Grund genug hatten, aufgrund der Lage, in der sie waren, Ressentiments gegenüber den Privilegierten zu entwickeln.

T.L.: Max Scheler hat die Ressentimenttheorie[6] entwickelt, aber nicht direkt darauf angewandt.

H.-G.S: Das scheint mir beim Islam ähnlich zu sein. Eine Religion, die attraktiv ist für diejenigen, die keine Privilegien besitzen, eine Religion, die nicht passiv, sondern aktiv reagiert. Was also unter anderem erklärt, dass für junge Männer der Islam besonders attraktiv ist, und die jungen Frauen ziehen mit. Sie sind nicht, wie im Christentum, die Verwalter der Opfer, sondern Teil der Militarisierung.

Ich habe mir die Ressentimenttheorie von Scheler in einem anderen Zusammenhang angesehen und dachte, da ist etwas dran auch im Hinblick auf den Islam.

T.L.: Ja, das kann auch sein. Eine geschlossene Theorie darüber kenne ich nicht, und die wird auch nicht sobald daher kommen. Aber Ansätze zu Teilerklärungen gibt es verschiedene. Überbevölkerung ist sicher etwas ...

G.V.: Männerüberschuss. Junge Männer machen Ärger.

T.L.: Also all das, was das Banditentum des Jungen angeht. Wir haben uns doch auch geprügelt, aber wir haben keine Kalaschnikows gehabt.

G.V.: Zumindest haben wir bei den Leuten, die über Atombomben verfügen, ein doch stark säkularisiertes Bewusstsein, mit einer gewissen Sensibilität für Kompromiss.

T.L.: Sonst wären wir nicht mehr da ...

---

6 Max Scheler, Das Ressentiment im Aufbau der Moralen, in ders., Abhandlungen und Aufsätze. 2 Bände. Leipzig: Verlag der Weissen Bücher, 1915, 39–274.

G.V.: Nach Georg Simmel eine der größten Erfindungen der Menschheit: Der Kompromiss.

T.L.: Bei allem Respekt für die iranische ... Nein, ich hab überhaupt keinen Respekt. Bei allem Respekt für die persischen Mullahs, das sind Fanatiker. Die haben zwar auch so viel Eigeninteresse, dass sie nichts Verrücktes machen, vermutlich. Aber Pakistan und so weiter, das ist alles viel gefährlicher, als es die Konfrontation Sowjetunion – Amerika und Westeuropa war.

G.V.: Was den Iran betrifft, scheint es zumindest in den Städten eine Bevölkerung zu geben, die – soweit sie überhaupt Einfluss nehmen kann auf die politische Führung – eher kompromissorientiert ist.

T.L.: Sender wie Al Djazheera berichten sehr viel genauer über diese Gegend, auch über die Ukraine. In deutschen Nachrichten hört man so etwas kaum. Auch in den österreichischen, obwohl ich die österreichischen Nachrichten nicht ganz so fad finde wie die deutschen.

G.V.: Das bringen wir ...

T.L.: Die BBC ist auch nicht mehr gut. Al Djazheera, von einem reichen Ölscheich finanziert, keine Ahnung, weshalb der das macht. Zu dunklen Zwecken? Aber eine gute Berichterstattung.

Aber das war ja nicht das Thema. Dass das säkulare Bürgertum in den Städten eine Art Bremswirkung, eine Art Einfluss hat, das scheint so zu sein.

G.V.: Man kann in vielen Ländern, gerade Richtung Osten, beobachten, dass es erbitterte Konflikte gibt zwischen einer urbanen, größer werdenden Mittelschicht, die auf säkularisierte Verhältnisse setzt, die auf Kompromiss setzt und an Religion allenfalls als Privatangelegenheit großes Interesse hat, und ländlichen Bevölkerungen, mit denen sich die autoritären Regime gegen die Stadt verbünden. Solche Konstellationen sehen wir von Thailand bis in die Ukraine.

T.L.: Und in der Türkei. Eindeutig. In Persien vermutlich auch. Die Bürgerschicht gab es höchstens in Ägypten, sonst in Libyen, Marokko und Algerien.

H.-G.S: Strukturelle Unterentwicklung eines großen Teils der Bevölkerung gehört offenkundig mit dazu. Die wohlhabenden Staaten haben kein Interesse an Kriegen.

G.V.: Das wäre noch einmal eine Modifikation der These, dass Demokratien keine Kriege oder keine Kriege gegeneinander führen. Vermutlich gehört dazu Demokratie und ein gewisses Wohlstandsniveau, wobei es unter einem gewissen Wohlstandsniveau keine Demokratien gibt. Den Rest kann man dann korrelieren, um herauszufinden, was Sache ist.

Im Übrigen reden wir hier andauernd über die Dinge, die in der Soziologie nicht wirklich im Zentrum der Interessen stehen.

T.L.: Wir sind zwar Soziologen, aber wir reden wie Laien darüber. Es gibt da einen Franzosen, Gilles Kepel, ein Politikwissenschaftler, der sich mit den Jungen in den muslimischen Ländern beschäftigt hat, vor allem in Algerien und Ägypten mit der Gewalt bei den Jungen.[7]

G.V.: Also, erstens fehlt ein Diskurs und dementsprechend theoretische Ideen, und so richtig sehe ich zweitens niemanden, der sich hauptamtlich dafür interessiert.

T.L.: Ja, da beißt man sich die Zähne aus. Es gibt so viel Leichteres.

IV. Leichte Antworten

H.-G.S: Und es gibt manchmal auch leichtere Antworten. Die Theorie der funktionalen Differenzierung ist ein Musterbeispiel dafür, dass man sich ernsthaft um die aktuellen Probleme nicht kümmern muss, weil die Theorie sie prophylaktisch schon beschrieben hat. Ich rede jetzt von Luhmann und den Folgen. Die Probleme sind im Prinzip theoretisch immer schon gelöst. Die Theorie-Maschinerie, einmal in Gang gekommen, sorgt dafür, dass jedes Problem in das Lösungsschema passt. Die Zwischenstufen, in denen die Kopplungen zwischen den Teilsystemen noch nicht gelingen, werden erkannt, sind aber nicht großartig erklärungsbedürftig. Das nenne ich Theorie der einfachen Antworten. Es ist im Grunde genommen eine prophetische Theorie. Rational Choice operiert spiegelbildlich dazu: Individuen handeln rational und sind mehr oder weniger dafür zuständig, rationale Problemlösungen zu finden.

Wenn ich Individuen zu Gruppen aggregiere, dann handeln die ebenfalls wie Individuen. Spieltheoretisch kann ich das alles erklären und wenn

---

7 Gilles Kepel, Jihad: expansion et déclin de l'islamisme, Paris: Gallimard, 2000 (deutsch: Das Schwarzbuch des Dschihad. Aufstieg und Niedergang des Islamismus. München, Zürich: Piper, 2002).

es mal irrational wird, bilde ich Brückenhypothesen. Da ist die Problemlösung ebenfalls immer schon mitgedacht. Ich kann mir keinen Rational Choice Theoretiker denken, der apokalyptisch denkt, das ist einer der wenigen Vorzüge. Das halte ich ihnen zugute.

T.L.: Das passt in so gut wie keine soziologische Theorie. Apokalyptische Theorien sind religiösen Ursprungs. Die neue theoretische Physik ist apokalyptisch.

H.-G.S: Die Solutionisten, wie sie sich nennen, das sind ja auch Sozialwissenschaftler. Die brauchen, um durchzusetzen, dass etwas wie zum Beispiel die Erderwärmung um zwei Grad nicht passiert, apokalyptische Visionen. Das Potsdamer Institut für Klimafolgenforschung, das Wuppertal Institut für Technologiefolgenabschätzung brauchen die Apokalypse als pädagogisches Mittel, um die Bevölkerung zu gewinnen.

T.L.: Warum nennen die sich Solutionisten?

H.-G.S: Weil sie Lösungen finden und durchsetzen wollen. Die schlagen sie für die jeweils entstehenden Problemlagen auch politisch vor. Ich schick Dir das mal. Wenn Du dich zu wohl fühlst, dann schicke ich dir einen dieser Aufsätze, dann ärgerst Du Dich wieder.

T.L.: Ich ärgere mich schon im Prinzip darüber, aber nicht darüber, dass sie übertreiben, sondern, dass sie unvorsichtig übertreiben. Ich habe immer gedacht, lass sie nur machen, bis ich gesehen habe: Das Resultat war nicht immer das, was man sich erhoffen würde. Wenn man übertreibt, aus pädagogischen, aus politischen Gründen, muss man es so machen, dass es auf Dauer glaubwürdig ist. Das ist, wenn man es vorsichtig macht, möglich. Übertreiben, o.k., aber nicht so wie die.

G.V.: Zum Stichwort Rational Choice. Ich glaube, das letzte, was ich von Ihnen, Herr Luckmann, gelesen habe, war der Beitrag über Handlung in der Festschrift für Hans-Georg.[8] Wenn man meint, dass Soziologie immer irgendwie über Handlung geführt werden muss, wie findet man dann den Weg zwischen standardisierenden Annahmen über das Handeln und einer Disaggregation einzelner Handlungen, die zwar viel Präzision liefert, aber soweit führt, dass man nicht mehr vom Fleck kommt. Rational Choice arbeitet mit extremen Standardisierungen. Die wissen ja immer schon, wie

---

8 Hans-Peter Müller (Hg.), Hermeneutik als Lebenspraxis. Ein Vorschlag von Hans-Georg Soeffner. Weinheim, Basel: Beltz Juventa, 2014.

die Leute handeln. Während Ihr Vorschlag darauf hinausläuft, sehr genau zu analysieren, was in jeder einzelnen Handlung steckt.

T.L.: Naja, Rational Choice nimmt an, dass Handlungen bewusst geschehen und die Ziele klar und deutlich erfasst sind, so wie Schütz das formuliert hat. Die Ziele sind jedoch in den seltensten Fällen klar und deutlich erfasst und die Wahl der Mittel ist selten vernünftig. Rationale Wahl trifft nur als Sonderfall und nicht einmal für das ökonomische Handeln immer zu, aber es ist, wie manche Leute sagen würden, als kontrafaktisches Modell nicht unnütz. Und im Grenzfall kann manches Handeln sich an dieses Modell annähern.

Die Grundannahme, die ich machen würde, und die man machen kann, ist, dass Handeln sinnvoll ist, aber nicht unbedingt rational. Ein Sonderfall, ein seltener Sonderfall von sinnvollem Handeln ist rationales Handeln.

G.V.: Und was sinnvoll ist, weiß in erster Linie der Handelnde selbst und der beobachtende Soziologe, wenn er einfühlsam ist und Glück hat.

T.L.: Das war ja schon für Weber ein Problem: Wer entscheidet, was rationales Handeln ist? Zum sinnvollen Handeln, gehört nicht sinnloses Handeln, aber irrationales Handeln. Irrationales Handeln gibt es ja massenhaft. Das ist Handeln, bei dem das Ziel unklar ist, man aber trotzdem handelt, wo die Mittel unklar sind und man irgendwelche Mittel anwendet und auf ein Ziel zusteuert, das nicht im eigenen Interesse ist – was sehr häufig vorkommt.

G.V.: Das erlebt man zwar jeden Tag. Dennoch finde ich es unglaublich schwierig, irgendwelche Handlungsziele anderer Leute als nicht in deren Interesse zu klassifizieren.

T.L.: Das ist sicher schwierig. Das ist sehr schwierig für den Handelnden, erst recht für denjenigen, der das Handeln analysiert und entscheidet, was die vernünftigen Mittel sind, die man zur Erreichung dieses Ziels einsetzt.

G.V.: Einerseits leuchtet es mir sofort ein, dass man nicht alles als sinnvolles Handeln nehmen darf, andererseits, wenn ich höre, es gibt den Fall, dass man gegen die eigenen Interessen handelt, höre ich sofort dabei das objektive Interesse heraus, das nur das Zentralkomitee der kommunistischen Partei der Sowjetunion kennt. Die Idee der Interessenformulierung hinter dem Rücken oder über die Köpfe der Leute hinweg hat im 20. Jahrhundert zu wenig überzeugenden Lösungen geführt.

T.L.: Das stimmt schon, aber ich denke dabei an etwas viel einfacheres. Meine Haushälterin zum Beispiel ist ein sehr lieber Mensch, ist aber irrational als Haushälterin. Sie patzt mehr Geschirr an und muss dann mehr abwaschen als nötig. Sie ist eine hervorragende Gärtnerin, aber eine schlechte Haushälterin. Einen Gang in den Garten um zu gießen verbindet sie nicht damit, dass sie zugleich etwas Petersilie holt, die man in einer Stunde brauchen wird. Dann geht sie wieder raus und holt Petersilie. Also das ist alles sinnvolles Handeln, Petersilie holen ist sinnvoll, Gießen ist sinnvoll, aber beides ist in einen Handlungsplan eingelegt, der gegen ihre eigenen Interessen ist. Nicht das Petersilie holen ist gegen ihre Interessen, nicht das Wässern, sondern das Nicht-Verbinden dieser zwei Tätigkeiten in eine »rationalere« Variante.

G.V.: Man müsste sie danach fragen und dabei so raffiniert fragen, dass sie dies nicht als Vorwurf wahrnimmt.

T.L.: Das geht nicht, hab ich schon probiert.

H.-G.S: Das ist ja das Spannende. Wir haben alle ein schlechtes Gewissen gegenüber etwas, das wir genau von uns kennen, dass wir nämlich irrational handeln oder unsinnig handeln und weil wir dieses schlechte Gewissen haben, sind wir jederzeit im Stande, die Haushälterin auch, *practical accounts*, also gute Erklärungen dafür zu liefern, dass das unsinnige Handeln doch einen Sinn hat. Wenn ich frage, »Warum machst Du denn den Blödsinn?«, habe ich noch nie jemanden erlebt, dem dann keine Erklärung eingefallen wäre.

V. Wo ist da die Konstruktion?

G.V.: Ich hatte einen Arzt, mit dem konnte man darüber reden, was die bildlichen Darstellungen von Gehirnströmen oder Blutverläufen eigentlich sind. Er war für einen Naturwissenschaftler extrem reflektiert, indem er gesagt hat, das ist ganz bestimmt nicht der Blutkreislauf, das ist allenfalls eine Konstruktion, die der Computer macht. Aber aus irgendeinem Grund verlassen wir uns drauf.

H.-G.S: Das eigentliche Problem ist: Ist das analog oder ist es das nicht? Wird die Messung, die wir in der Zeichnung sehen, wird die – auch in der entsprechenden Größe – abgebildet, oder wird die auf dem Bildschirm vergrößert? Ist das tatsächlich eine Analogie? Oder ist da ein schwarzes Loch, das wir nicht messen, das aber das, was wir messen, steuert? Da fließen Gehirnströme, die kann man feststellen. Man kann auch deren Intensität feststellen. Aber über die Steuerung wissen wir wenig. »Wie es zu der Verzögerung zwischen den sogenannten Befehlen des Gehirns und deren Umsetzung in den Nervenbahnen kommt, wissen wir nicht. Wir können diese Verzögerung nicht erklären«, sagt Scheich.[9] »Wir wissen nicht, woher die kommt.«

G.V.: Die Frage wird spätestens dann sehr wichtig, wenn man aufgrund solcher Bilder Eingriffe vornimmt, also wenn es handlungsrelevant wird. Das ist so wie mit dem radikalen Konstruktivismus und dem nicht so radikalen Konstruktivismus: Solang man nicht entsprechend den Konstruktionen handeln muss, kann man eigentlich konstruieren wie man will.

T.L.: Bei endoskopischen Eingriffen haben Sie eine Kamera. Da haben Sie ein Bild.

G.V.: Das ist aber etwas anderes.

T.L.: Ultraschall ist auch was anderes und Computertomographie ... Das sind schon Transformationen

G.V.: Das ist der entscheidende Punkt. Bei einer Kamera denkt man sich, das ist einfach die Wirklichkeit.

H.-G.S: Auf einer Tagung in Fulda haben wir Krankendaten mit Medizinern diskutiert, von der ersten Diagnose bis zur Schlussdiagnose. Die Mediziner haben mit uns gemeinsam die Bilder diskutiert und sagten, ihnen war wichtig zu erfahren, was Sozialwissenschaftler eigentlich über ihre Diagnosen und das konstruktivistische Potential denken. Was passiert eigentlich mit diesen Sinnzuschreibungen? Die werden dann ja irgendwann Realität. Falsche Sinnzuschreibung heißt dann falsche Therapie. Und das ist dann irgendwann Realität.

G.V.: Die Beliebigkeit des Konstruierens hört sofort auf, wenn man mit der Realität umgehen muss.

T.L.: Ja. ... Also nichts ist die Wirklichkeit selbst. Nichts. Definitionsgemäß. Es gibt Abbilder und die Abbilder setzen zunächst einmal nichts anderes voraus als das Auge und die Hand, zum Beispiel. Oder anschließend die Kamera. Das ist eine Wirklichkeitsebene. Einerseits sind es selbst Gegenstände, Fotos, andererseits sind es nicht Fotos für sich selbst, sondern Fotos von ir-

---

9 Professor em. Dr. Henning Scheich, Professor für Physiologie und bis 2010 Direktor des Leibniz-Instituts für Neurobiologie in Magdeburg.

gendetwas. Und wir nehmen das hin. Wir wissen, ein Foto ist nie die Wirklichkeit, aber ungefähr so schaut sie aus. Und irgendwas verliert man dabei. Das Problem, das wir jetzt besprochen haben, scheint mir doch etwas anderes. Was ist da Konstruktivismus? Was wird da konstruiert? Wo? Bei Ultraschall ist noch nichts konstruiert. Das ist wie Kamera. Was ist mit Computertomographie? Was nimmt die auf? Schnittflächen. Und die analysiert ein Programm. Und der Arzt schaut sich das an.

H.-G.S: Und er interpretiert.

T.L.: Er interpretiert. Und wo ist da die Konstruktion? Es ist ja nicht beliebig. Es ist eindeutig angebunden an das, was es tun soll, nämlich etwas erfassen. Eine Erfassung, die grundsätzlich nichts anders ist als ein Foto, zum Beispiel. Grundsätzlich anders ist es dann, wenn es *was* macht?

H.-G.S: Auf dieser Tagung habe ich mit den Medizinern das Interpretieren besprochen. Interpretieren heißt zunächst mal das Aufdecken des Deutungspotentials. Was kann etwas bedeuten, und zwar – jetzt für den Mediziner – für seine Handlung? Welche Optionen hat er? Und dann muss der Mediziner, wenn er handeln will, aus den Optionen eine wählen. Er kann nicht alle wählen. Er kann nicht das gesamte Handlungsrepertoire ausschöpfen. Er kann auch nicht mehr testen, wenn er unter Zeitdruck handelt. Er muss eine der Optionen wählen, die ihm die Interpretationen eröffnet haben. Und da, sagte dieser Mediziner, da müssen wir konstruieren. Es ist eine Wahlentscheidung, die nur einen Aspekt der Wirklichkeit abdeckt, der aber für uns in der Handlung relevant zu sein scheint.

T.L.: Ich versteh das eigentlich noch immer nicht. Auch nicht, was der Arzt Dir gesagt hat. Es sind ja nur Stufentransformationen der Datenbehandlung, um ein grobes Wort zu verwenden. Wobei eines auf's andere aufgestuft werden kann. Fehlerquellen sind überall drin, selbstverständlich. Aber nicht Transformationen grundsätzlicher Art. Es bleibt noch immer die gleiche Wirklichkeit, die transformiert wird in Abbilder der Wirklichkeit. Das kann transformiert sein in Pixel oder Zahlen, binär oder sonstwie, aber ist noch immer angebunden an den Originalgegenstand. Handeln muss ja nur der Arzt. Also für jemand, der das nur sehen will – und das ist ja der Arzt zunächst auch, er will sehen, was los ist – ist da noch keine besondere Konstruktion, keine besondere Interpretation. Das heißt, er muss schon wissen, wie diese Transformationen funktionieren, damit er das Bild oder Zahlen erfassen kann, verstehen kann – auch ohne besondere Interpretation. Das lernt man halt, was ein Messwert von 27,5 bei dem und dem bedeutet. Was konstruiert er? Gar nichts konstruiert er.

H.-G.S: Bis dahin nicht.

T.L.: Es ist alles vorkonstruiert durch die Vorgänge. Die Entscheidung, was er damit macht, ist ja keine Konstruktion.

H.-G.S: Doch. Er trifft eine Wahlentscheidung.

T.L.: Natürlich. Aber das ist doch keine Konstruktion.

H.-G.S: Ist es das nicht?

T.L.: Um mit Schütz zu sprechen: *Choosing among projects of action*. Schütz hat sehr genau beschrieben, wie man das macht und so weiter. Also da seh' ich noch keine Konstruktion, sondern Deutung oder Interpretation von mir aus – aber nicht Konstruktion. Abgesehen von diesem grundsätzlichen Element, dass Interpretation Konstrukte enthält. Aber das ist ja damit nicht gemeint. Und dann muss er aufgrund seines Wissens entscheiden. Das ist aber ein Kontextwissen: Verträgt der Typ diese Therapie oder verträgt er sie mit diesen Blutwerten nicht – wahrscheinlich. Er kann es ja nicht mit Sicherheit sagen.

H.-G.S: Für diesen Mediziner war die Frage: Ist es das oder ist es das nicht. Ist es ein Aneurysma der Stärke XY mit folgenden Resultaten, oder ist es das eventuell nicht. Die Messwerte sind da uneindeutig. Und dann wähle ich etwas, weil ich jetzt handeln muss.

T.L.: Mein Onkologe mit der Computertomographie vor sich behauptet, mein Tumor sei um 6 mm geschrumpft. Die Metastasen auf der Leber sind ein bisschen zurückgegangen. Oder umgekehrt. Kann ja leider auch passieren. (lacht) Darauf warte ich aber noch. Der Arzt hat im Grunde genommen keine Probleme. Ich muss unterschreiben, dass ich all diese Risiken auf mich nehme. Aber er schlägt eine Therapie vor, die er unter diesen Umständen für die beste hält. Und wenn er ein guter Onkologe ist, dann ist es auch die beste.

G.V.: Bei vielen dieser Angelegenheiten scheint das Abbild, das man bekommt, eindeutig zu sein. Bloß ist nicht ganz klar, was man tun soll. Es scheint aber Fälle zu geben, wo das Abbild kein eindeutiges Abbild ist, und dort muss man nicht nur zwischen verschiedenen Therapiemöglichkeiten auswählen, sondern man muss die Grundlage der Auswahl erst einmal konstruieren – ganz im Sinne einer nie ganz greifbaren Wirklichkeit.

T.L.: Auch da bin ich nicht sicher, wenn ich es richtig verstanden habe. Der nimmt ja nicht die Lunge auf, um das Gehirn anzusehen. Er kann es lokalisieren. Da gibt es eine Reihe von Möglichkeiten, aber keine eindeutige wie bei vielen Fällen der Computertomographie, des Ultraschalls oder der Photographie. Wenn ich eine Photographie sehe, weiß ich, auch nach 50 Jahren, das ist mein Stiefvater mit Glatze und Pfeife. Das ist eindeutig. Aber bei solchen Photographien ... – das nehme ich jetzt als Analogie zu dem Problem, dass man nie genau weiß, was es ist. Da muss sich der Arzt entscheiden. Aber was konstruiert er denn dabei? Er wählt zwischen möglichen Bedeutungen und den daraus jeweils folgenden Behandlungen. Und dann wird er im Schützschen Sinn die Möglichkeiten und deren Folgen durchlaufen. Wahrscheinlich kalkuliert er sogar dabei, wenn er das als Konstruktion nimmt: Wenn ich diese Möglichkeit annehme, ist nur diese Behandlung möglich und die geht in 60 Prozent der Fälle tödlich aus. Wenn ich diese (andere) Möglichkeit annehme, die mir gleichwahrscheinlich erscheint, sterben bei der Behandlung, die damit zusammenhängt, zwei Leute von Tausend. Also riskiert er halt.

G.V.: Was wäre ein gutes Beispiel, wo wirklich konstruiert wird?

T.L.: Wenn einer von diesen verdammten Architekten herkommt und ein Haus baut. Der konstruiert. Ich würde sagen, auch eine musikalische Komposition ist eine Konstruktion. Was konstruieren wir im wissenschaftlichen Bereich? Wir konstruieren Möglichkeiten. Wenn etwas nicht eindeutig ist und wenn wir keine Theorie haben, die das eindeutig machen kann ... Das ist ja denkbar, dass Theorien uneindeutige Fälle vergewaltigen, und dann geht es halt frisch und fröhlich weiter. Wenn aber in einem uneindeutigen Fall die Möglichkeiten in Betracht gezogen werden, das könnte man vielleicht umgangssprachlich als Konstruktion annehmen. Das würde ich schon sagen. Aber nicht im Sinne der Systemtheorie Das ist alles ein Graus.

H.-G.S: Ich will das medizinische Beispiel jetzt nicht überstrapazieren. Aber: kann man Symptome zu den Typen rechnen, zu Typisierungen? Der Mediziner sagte, »Natürlich. Wir lernen nichts anderes. Wir lernen im gesamten Medizinstudium, Symptome als Typisierung für etwas zu begreifen.« Das hat er von sich aus gesagt.

T.L.: Das hat er gesagt, aber es ist nicht präzise. Symptome begreift er als Zeichen, besser gesagt, als Anzeichen.

H.-G.S: Er hat von sich aus gesagt, »Das sind Typisierungen, die wir gelernt haben. Das steht für wie soziale Typen Vater, Mutter, Kind ... Wir lernen das einfach. Vater, Mutter, Kind, das haben wir damals schon diskutiert, sind keine Anzeichen. Das sind soziale Typisierungen.«

G.V.: Wenn ich Ihnen zuhöre, habe ich den Eindruck, dass Sie eine starke Tendenz haben, einen Teil des konstruktivistischen Geistes wieder in die Flasche zu scheuchen.

T.L.: Also Berger und ich haben ihn ja nicht herausgeholt. Das ist ein Missverständnis. Der Luhmann hat ihn herausgeholt. Ich halte das für groben Unfug.

G.V.: Das heißt ja noch lange nicht, dass Sie nicht trotzdem versuchen, ihn ein wenig wieder in die Flasche zurück zu bringen.

VI. Buchtitel erfinden

T.L.: Ich habe mich ja nie als Konstruktivist angesehen. Wenn andere Leute solche Fehltypisierungen machen, ist das ihr Problem. ... Und es wird auch zu meinem Problem. Das war auch mit der »Invisible Religion« so. ... Ich habe ja auf Deutsch ein Büchlein geschrieben. Bergstraesser[10] hat mich dazu angeleitet. König[11] hat mich zu Rezensionen von etlichen religionssoziologischen und theologischen Büchern eingeladen und ich habe eine eher kritische Rezension geschrieben. Die hab ich dem Bergstraesser gegeben (Bergstraesser hatte mich nach Freiburg zur Sommergastprofessur eingeladen – meine Frau[12] hat bei ihm promoviert). Und Bergstraesser meint, »Warum schimpfen sie nur, warum kritisieren Sie nur? Schreiben Sie doch selber was.« Da habe ich ein kleines Bändchen geschrieben, das hieß »Das Problem der Religion in der modernen Gesellschaft«. Ich weiß nicht, wer das vorgeschlagen hat, ich bin nicht damit hausieren gegangen. Jedenfalls wollte MacMillan, New York, das als Übersetzung nehmen. Ich habe festgestellt, dass ich es nicht einfach übersetzen kann, und habe es etwas umgeschrieben. Es ist nicht dasselbe, es ist das gleiche. Etwas mehr, aber un-

---

10 Arnold Bergstraesser (1896 – 1964), Professor für Soziologie und Politikwissenschaft an der Albert-Ludwigs-Universität Freiburg.
11 René König (1906 – 1992), Professor für Soziologie an der Universität zu Köln.
12 Benita Luckmann (1925 – 1987).

gefähr das gleiche. Dann kam aber das Problem, dass Mr. Alexander, der Redakteur, mir sagte, »Der Titel geht nicht. So ein teutonischer Titel ist unmöglich.« »Ja« sage ich, »aber er beschreibt, was ich darin mache.« »Macht nichts«, sagt er, »das geht so nicht.« Ich war natürlich als junger Mensch daran interessiert (und wäre es noch jetzt), dass das veröffentlicht wird, und habe ihn gefragt, »Wissen Sie denn einen Titel?« Und er hat »The Invisible Religion« vorgeschlagen.

G.V.: Wer hat denn den Titel »Die gesellschaftliche Konstruktion der Wirklichkeit« erfunden?

T.L.: Das haben Berger und ich zusammen gemacht. Wir haben in Kontrast zu Schütz: »Der sinnhafte Aufbau der sozialen Welt« nicht so sehr auf den Aufbau, sondern auf das Aufbauen hinweisen wollen. Titel sind eher von Berger als von mir. Witze fallen Peter Berger besser ein, Anekdoten kann ich auch erzählen, aber er noch besser. Und für diesen Titel war – vermutlich – er zuständig.

H.-G.S: Der *sinnhafte Aufbau*, das ist eine rein – Webersch gesprochen – egologische Perspektive. Und die Pointe ist, der *sinnhafte Aufbau* kriegt in Eurem Buch eine gesellschaftliche Variante. Es heißt ja die gesellschaftliche Konstruktion. Das was Schütz im *sinnhaften Aufbau* nicht geschafft hat, ... die Brücke zu schlagen ...

T.L.: Und auch nicht geplant hat. Obwohl er damit die Verbindung zu Weber herstellen wollte. Das ist nicht gelungen.

G.V.: Mit der *gesellschaftlichen Konstruktion der Wirklichkeit* ist ja einiges passiert, das Sie unmöglich haben planen können. Die unglaubliche Verbreitung. Es ist ja erstens eines dieser Bücher, das die Leute auch lesen sollten und nicht nur zitieren, nachdem sie den Titel gehört haben. Und das zweite ist, die Idee, dass die Wirklichkeit irgendwie konstruiert ist, scheint vielen Leuten sehr gut zu tun, die gar nichts mit Soziologie zu tun haben, weil es so etwas wie die Unabänderlichkeit der Verhältnisse ein klein wenig aufweicht.

T.L.: Aber das Missverständnis lag dann schon ganz früh daran, dass man verstand: Nicht ein klein wenig und nicht in gemeinschaftlichem, gemeinsamem Handeln, sondern jeder kann sich seine eigene Welt konstruieren ... also ein *subjektivistischer Konstruktivismus*. Das war eine häufige Missinterpretation des Buchs. Dagegen haben wir uns gewehrt. Zu Peter Berger kam 1965 in der Zeit der sogenannten Studentenrevolution – also des Zir-

Identität und Interdisziplinarität

kusses, des damaligen – in sein Büro im Brooklyn College, oder vielleicht auch woanders, einmal ein studentischer Schlägertyp und schüttelte ihm die Hand. Peter Berger hat gedacht, jetzt verprügelt der ihn. Aber nein, der Student hat sich bedankt, dass er ein so schönes theoretisches Gerüst für die studentischen Revolutionen bekam, die die Welt verändert haben. Mit zwei Titeln sind Missverständnisse entstanden. Für einen Titel bin ich mitverantwortlich. Für den anderen bin ich insofern mitverantwortlich, als ich ihn akzeptiert habe. Ich halte ihn auch nicht für ganz falsch, aber leicht, sehr leicht irreführend.

G.V.: Nämlich: »The Invisible Religion«.

T.L.: Ja.

G.V.: Früher, als ich »Die gesellschaftliche Konstruktion der Wirklichkeit« noch unmittelbar vor mir hatte, habe ich mir immer gedacht, wenn man Kinder hat, die man heil groß bekommen möchte, kann man den Versuchungen eines Konstruktivismus nicht erliegen. Es nützt überhaupt nichts, wenn ich meinen dreijährigen Kindern beibringe, dass der Straßenverkehr eine soziale Konstruktion ist. Das mag ja sein. Aber sie ist absolut tödlich. Und die ganzen Anstrengungen richten sich über Jahre darauf ihnen beizubringen, dass die Realität hart ist.

T.L.: Ja. Aber das muss ich Berger und mir doch zu Gute halten: Genau das sagen wir. Es gibt Konstruktion und harte Wirklichkeit. Nur sind sie eben nicht unabänderlich, jedenfalls nicht von vorne herein so gegeben. Das ist eigentlich auch der Ansatz, um überhaupt sozialen Wandel oder Geschichte verstehen zu können.

G.V.: Also im Grunde wendet sich das gegen alle Spielarten des Determinismus.

T.L.: Ja. Unbedingt. Aber nicht in Sinne eines beliebigen Subjektivismus. Das heißt, Leute machen ihr Leben, aber eben nicht allein, nicht jedes neurotische Individuum für sich genommen. Das macht gar nichts. Das ist lästig für seine Mitmenschen, aber sonst schafft es nichts. Ein Psychotiker kann schon etwas schaffen, etwas Fürchterliches.

G.V.: Die Botschaft des Studenten von Peter Berger ergibt sich allenfalls, wenn man die Lektüre auf Seite 10 einstellt – oder gleich gar nicht anfängt.

H.-G.S: In der Einleitung passiert noch nichts. Das Missverständnis setzt erst ein auf der Ebene der Beschreibung von Verhaltensgewohnheiten, also unterhalb von Institutionen.

T.L.: Routinisierungen.

H.-G.S: Routinisierungen. Da scheinen die meisten Leute zu glauben, das ist mehr oder weniger willkürlich. Auch bei den Typenkapiteln. Weil sie nicht gründlich lesen. Da setzt die Kette von Missverständnissen ein. Übrigens auch jetzt im Neo-Institutionalismus. ... Die richtige Variante ist die: Institutionen entstehen nicht zufällig, sie lösen bestimmte Probleme, sie ruhen darauf. Man kann das aber auch kippen: Was früher richtige Problemlösung war, muss heute keine richtige sein. Bis dahin ist alles richtig. Dann aber wird geschlossen, man kann die Institutionen mehr oder weniger planmäßig und willkürlich zurücknehmen. Und das funktioniert eher nicht.

VII. Totalitäre Konstruktionen

T.L.: Doch, doch. Das funktioniert fürchterlich. Von Lenin, Stalin und so weiter. Das sind planvolle Konstruktionen. Das ist schon bei Marx angelegt, das man das kann. Das ist aber auch in der *social construction* übernommen, dass man etwas planen und ändern kann – mit enormen Kosten, und natürlich kann das nur ein totalitäres Regime.

H.-G.S: Aus meiner Sicht ist der Denkfehler der, dass man die ehemalige Problemsituation nicht rekonstruieren muss, – *T.L.*: ach so, ja – sondern an einem bestimmten Punkt und bei den bis dahin bestehenden Institutionen ansetzen kann.

G.V.: Du wendest Dich gegen so einen Institutionen-Voluntarismus.

H.-G.S: Richtig.

G.V.: Was die Organisation einer ganzen Gesellschaft nach einer zentralen Intention betrifft, haben Sie Recht, Herr Luckmann, das kann man machen. Lenin und Stalin haben das gut geschafft, Pol Pot auch. Aber es geht nur eine gewisse Zeit. Dann werden diese Arten von politischen Institutionen von nicht-intendierten Effekten unterspült.

T.L.: Ja. Hoffen wir weiter. Es hat schon einmal funktioniert. Aber es hat über siebzig Jahre gedauert.

G.V.: Solche Systeme sind nicht stabil, aber sie verändern sich mit immensen Kosten.

T.L.: In einem anderen Sinn nicht stabil, da ja überhaupt keine gesellschaftliche Verfassung stabil ist. Also Demokratie mit dieser Form von Kapitalismus ist vermutlich die beste, bisher aber eine instabile und keine besonders sympathische Lösung des Zusammenlebens. Vermutlich die beste ...

H.-G.S: Beste würde ich nicht sagen, aber die anpassungsfähigste.

G.V.: Und in ihren Fehlern und Widersprüchen scheint sie sich selbst zu prozessieren, während die Fehler und Widersprüche eines intentionalistischen Gesellschaftsprojektes à la Stalinismus zum Zusammenkrachen führen. Und das ist schon ein Unterschied.

H.-G.S: Ja. Fehler kann es darin nicht geben. Darum werden sie auch nicht korrigiert.

G.V.: Sind ja offensichtlich nicht korrigierbar. Als Sie vorhin davon gesprochen haben, dass es Psychotiker gibt, die ganz schön viel von ihren eigenen Konstruktionen durchsetzen können, ist mir sofort Stalin eingefallen. Also ein Irrer, und je älter er wurde immer Irrerer, der ein ganzes politisches System rund um seinen Wahn gruppiert hat.

T.L.: Was mir sehr schwer verständlich ist – vermutlich anderen Leuten auch, ist, dass man den Genossen bei den Schauprozessen eingeredet hat, dass sie für die Partei falsche Geständnisse ablegen sollten. Und das haben sie gemacht. Kaum einer hat widerstanden.

G.V.: Die Schauprozesse sind eines der großen Rätsel, mit denen ich nicht fertig werde. Wie geht das? Man wurde ja umgebracht, wenn man gestanden hat, und umgebracht, wenn man nicht gestanden hat.

T.L.: Und zwar für das Wohl der Partei. Das waren ja nicht lauter Idioten. Es waren zwar Verbrecher und sie waren teilweise geistig angeschlagen, aber es waren keine Idioten – und trotzdem.

G.V.: Es gibt Biographien von Leuten, die die Zeit mitgemacht haben und überlebten und hinterher fassungslos darüber waren. Berthold Brechts »Die Maßnahme« ist ein ekelhaftes Stück: Der Genosse, der aus eigenem

Willen bereit ist, von den Parteigenossen getötet zu werden, weil es zum Wohle der Partei ist. Und Brecht feiert das in dem Stück. Brecht war ja alles andere als ein orthodoxer Marxist. Aber er hatte diese Phase.

H.-G.S: Und er war alles andere als autoritär. Wenn die Regierung ihrem Volk nicht traut, dann möge sich doch die Regierung ein anders Volk wählen. Das ist auch Brecht.

G.V.: Eben. Das ist merkwürdig. Und ein ganzes Stück. Man kann ja einen Abend lang einen Ausrutscher haben, aber ein ganzes Stück ...

H.-G.S: Das geht nicht. Aber vielleicht kann ich eine Geschichte erzählen und ich würde Dich, Thomas, bitten, das zu interpretieren. Ich habe das selbst erlebt. Wir haben 1966 in der Universität Bonn die Archive durchgegraben. Aberkennung der Ehrendoktorwürde für Thomas Mann, Oskar Becker, ein großer Teil der nationalsozialistischen Philosophie auch in der Tradition von Freiburg und Heidegger, war in Bonn. Oskar Becker, auch Phänomenologe, auch Freiburg, wie Heidegger Assistent Husserls. Das haben wir alles rausgefunden. Unter anderem war da noch einer der Professoren, die im Dritten Reich gelehrt hatten. Der war noch im Amt. Und wir stellten in den Archiven fest, auch der war Nationalsozialist gewesen. Also ging eine studentische Delegation zu ihm – ich hatte Glück, ich gehörte nicht zu dieser Delegation. Möglicherweise hätte man mich dazu abgeordnet, aber 1966 hatte ich mein Examen schon. Diese Delegation sagte, »Herr Professor, wir haben festgestellt, Sie waren im Dritten Reich Nationalsozialist, und wir hätten gern, dass Sie in der Studentischen Vollversammlung im Auditorium Maximum zu dieser Zeit Stellung nehmen.« Das war eine Art Schauprozess auf halbdemokratisch. Dieser Mann erklärt sich dazu bereit. Er kommt in das Auditorium Maximum, steht auf dem Podest, man führt ihn ein als Philosoph, der während des Dritten Reiches den Nationalsozialismus an der Universität Bonn vertreten hat. Nun steht dieser alte Mann da oben, weißhaarig, weint und gesteht, »Ich war damals in dieser Zeit mitverantwortlich dafür, dass Theodor Litt[13] entlassen wurde. Ich war mitverantwortlich für ...« Weint. (Das war für mich übrigens der Anlass, sofort aus dem SDS auszutreten, weil ich gedacht habe, es ist unvertretbar zuzulassen, dass dieser alte Mann da oben vor der versammelten Truppe von weitgehend ahnungslosen Studenten in Tränen ausbricht.) Aber ich habe mich auch

---

13 Theodor Litt (1880 – 1962), Professor für Philosophie und Pädagogik und 1931 bis 1932 Rektor an der Universität Leipzig, erhielt 1937 Vortragsverbot.

immer gefragt, warum macht der das? Warum geht der dahin? Warum lässt der sich von einer neuen alten Ideologie, später »68er« genannt, dazu bewegen, ein solches Geständnis abzulegen? Kannst Du Dir das erklären?

T.L.: Nein. Aber ich hätte es wahrscheinlich auch gemacht. Ich habe das Ganze, wie gesagt, als Zirkus aufgefasst in Frankfurt. Andererseits, wenn Leute an Dich herantreten und sagen: stellungnehmen für etwas, das ich getan habe ... Vielleicht hätte ich auch geweint, ich weiß es nicht. Das ist keine Erklärung, aber es läge mir nahe, ähnlich zu handeln. Man könnte auch sagen, »Ich komme nicht, ihr seid nicht berechtigt mich zu fragen. Wer seid ihr denn?« Natürlich. Das ist die Alternative. Aber er hat ein schlechtes Gewissen gehabt. Bei schlechtem Gewissen ist Beichten eigentlich erlösend. Ob das eine Erklärung ist, weiß ich nicht.

G.V.: Wir wollen die Analogie zwischen Schauprozessen in Moskau und der Studentenbewegung nicht überstrapazieren. Der entscheidende Unterschied scheint mir zu sein, dass die Geständnisse in Moskau ja im Interesse einer wasserdichten Ideologie stattgefunden haben, während der Mann, wie Sie sagen, ein schlechtes Gewissen gehabt zu haben scheint.

H.-G.S: Die Schauprozessleute möglicherweise auch.

T.L.: Aber für das, was sie getan haben, wurden sie ja nicht angeklagt, sondern für etwas, das sie nicht getan haben.

H.-G.S: In dem Buch von Wolfgang Leonhard »Die Revolution entlässt ihre Kinder« wird ja beschrieben, dass sie tatsächlich gegenüber der Partei ein schlechtes Gewissen hatten.

T.L.: Aber wer ist denn *die Partei*? Schon diese Konstruktion zeugt von einer gewissen geistigen Schwäche. Die Partei besteht doch aus Menschen, aus Parteigenossen und dann gibt es eine Führung. Es sind diese drei Fälle: Psychoanalyse, Katholizismus oder überhaupt Christentum und die Bolschewiken. Das sind Systeme, die unfehlbar sind und parat sind, die Kritik von außen weg zu erklären. Das trifft für alle drei zu. Psychoanalyse ist kein totalitärer Machtapparat, aber in dieser Struktur ist sie genauso.

G.V.: Aus dem Entdecken der Gräuel des Stalinismus ist die Reaktion der Intellektuellen oder intellektuell sich Verstehender entstanden, eine extreme Machtdistanz zu suchen. Woraus man auch schließen kann, dass das Bestreben, sich mit besserem Wissen in Machtpositionen zu bringen, in der Zwischenkriegszeit wohl eher der Normalfall war. Das heißt noch lange nicht, dass es allen geglückt ist. Deswegen bin ich ja gegenüber der Position so skeptisch, dass man besser als die Leute selbst weiß, was ihre Interessen sind.

T.L.: Heidegger zum Beispiel hat gewusst, was er macht. Er hat sich angeboten, nur ist er nicht in den Apparat eingebaut worden.

H.-G.S: Ja, weil sein Konkurrent Bäumler[14] inzwischen in einer mächtigeren Position war. Aber er hat auch gewusst, was die Leute tun sollen: Die Leute, das *man*, das sind ja die ganz Schlimmen, die handeln, wie alle handeln, die ihr Dasein nicht durchschaut haben und nicht wissen, was die menschliche Existenz *eigentlich* ist. Das ist schon eine unglaublich besserwisserische Position.

G.V.: Und da haben wir wieder die andere Seite von Brecht. In den »Flüchtlingsgesprächen« kommt diese Stelle vor: Als ihm die historische Mission des Proletariats präsentiert wird, sagt der Prolet Kalle, »Ich hab mir's gedacht. Der Prolet soll wieder der *Gehherda* sein.«

H.-G.S: Brecht ist eine gespaltene Persönlichkeit. Er dichtet auf der einen Seite: »Die Partei, die Partei, die hat immer Recht« und auf der anderen Seite: der 17. Juni, der Keuner. Hinter den »Geschichten vom Herrn Keuner« ist die Prosa über seinen Lehrer. Da sagt er ungefähr: »Mein Lehrer ist ein enttäuschter Mann. Die Dinge, an denen er Anteil nahm, sind nicht so gegangen, wie er es sich vorgestellt hatte. Jetzt beschuldigt er nicht seine Vorstellungen, sondern die Geschichte, die anders gegangen ist.« – Ein Marxist!

G.V.: Brecht beschreibt in einer anderen Geschichte einen großen Philosophenkongress in China, auf dem es darum ging, ob der Gelbe Fluss wirklich oder nur in den Köpfen existiert. Man hat drei Tage diskutiert und dann ist leider eine große Überschwemmung gekommen und hat alle Philosophen ersäuft. Darum konnte die Frage nie endgültig geklärt werden.

T.L.: Eine radikale Kritik am radikalen Konstruktivismus.

---

14 Alfred Bäumler (1887 – 1968) wurde 1933 vom nationalsozialistischen Kultusminister Rust nach Berlin auf den neu errichteten Lehrstuhl für Philosophie und Politische Pädagogik berufen.

Soziologie mit Börsenspiel

Ein Bericht aus der universitären Lehre[1]

Michael Reif

Finanzmärkte stellen ein Forschungsfeld der Wirtschaftssoziologie dar – nicht erst seit dem Beginn der Finanzmarktkrise, »die politisch-medial auf erstaunlich erfolgreiche Weise und innerhalb kürzester Zeit in eine Staatsschuldenkrise transformiert worden ist«, woran Stephan Lessenich (2015: 28) in seiner Eröffnungsrede auf dem Kongress der Deutschen Gesellschaft für Soziologie in Trier erinnert hat. Das im Sommersemester 2014 von mir angebotene Seminar »Aktien, Optionen, Derivate: Die Finanzwelt im ›Börsenspiel‹ und die Soziologie der Finanzmärkte« hatte das Ziel, Studierende der Soziologie an dieses Forschungsfeld heranzuführen.[2] Die Besonderheit lag darin, dass alle Studierenden und ich selbst parallel zur Lehrveranstaltung an einem Börsenspiel teilnahmen, um sich mit dem sozialen Phänomen Börse und mit Finanzprodukten auseinanderzusetzen.[3] Außerdem war eine Exkursion nach Frankfurt am Main Teil des Seminars, um in

---

[1] Für wertvolle Kommentare zur Überarbeitung einer früheren Fassung danke ich Christina May und Georg Vobruba. Dank gebührt außerdem Sylke Nissen für konstruktive Überarbeitungshinweise. Bei Sascha Münnich bedanke ich mich für die Ratschläge bei der Konzeption des Seminarplans. Mein Dank gilt ferner den Studierenden, die am Seminar teilgenommen haben. In den anregenden Diskussionen über die Texte, das Börsenspiel, ihre Sicht auf den Finanzmarkt und den Finanzplatz Frankfurt habe ich viel gelernt.
[2] Das Seminar konnte in den Bachelor-Studiengängen der Sozialwissenschaftlichen Fakultät der Georg-August-Universität Göttingen als Spezialisierung belegen, wer das Modul »Einführung in die Soziologie der Arbeit und des Wissens« absolviert hatte, das von Volker Wittke bis zu dessen frühem Tod und dann von Michael Faust angeboten wurde. Das dort erworbene Wissen über Finanzmärkte und Finanzmarktkapitalismus konnte im Seminar vertieft werden.
[3] Die Idee stammt von Georg Vobruba (2013).

dieser »Metropole des Weltmarkts« (Sassen 1996) die Finanzwelt zu beobachten. Die Lektüre von theoretischen und empirischen Texten über Finanzmärkte und die Seminardiskussionen wurden folglich mit praxisnahen Elementen verknüpft. Das Verstehen der Finanzmärkte und des Finanzmarktkapitalismus war die Intention des Seminars.

Im Folgenden werde ich von diesem soziologischen Seminar mit Börsenspiel berichten. Im ersten Abschnitt wird der Seminarplan vorgestellt. Die Soziologie der Finanzmärkte ist thematisch komplex und ausdifferenziert. Aus diesem Grund mussten, wie in jedem Seminar, inhaltliche Schwerpunkte gesetzt werden. In erster Linie ging es um Finanzprodukte und Finanzakteure; Derivate und Ratingagenturen fungierten als Beispiele. Des Weiteren wurde die Perspektive durch die Konfrontation mit der Praxis der Finanzwelt durch das Börsenspiel und den Finanzplatz Frankfurt erweitert. Dieser Seminarteil wird wegen seiner Spezifika im zweiten Abschnitt gesondert dargestellt, wobei die Organisation und die Erfahrungen mit dem Börsenspiel im Zentrum stehen. Neben den thematischen Schwerpunkten habe ich in diesem Seminar besonderen Wert auf die Integration von Schreiben in die Lehre gelegt. Das didaktische Element des »Schreibdenkens« (Scheuermann 2013) wird im dritten Abschnitt geschildert. Im letzten Abschnitt werde ich ein Fazit der Soziologie mit Börsenspiel ziehen.

Der Seminarplan wird vorgestellt

Das Seminar bestand aus mehreren thematisch aufeinander abgestimmten Blöcken, die in diesem Abschnitt skizziert werden.[4] Mit Derivaten und Ratingagenturen wurden zwei in der Soziologie der Finanzmärkte breit diskutierte Themen in den Mittelpunkt gestellt. Die auf Derivate und Ratingagenturen inhaltlich fokussierten Seminarteile waren eingebettet zwischen einem ersten Block, in dem zum Einstieg in die Thematik ein Überblick über die soziologische und polit-ökonomische Forschung erarbeitet werden sollte, und dem letzten Teil, in dem der Blick wieder geweitet wurde, um den Zusammenhang mit anderen Phänomenen der Finanzmärkte und des Finanzmarktkapitalismus zu diskutieren.

---

4 Der vollständige Seminarplan kann unter http://uni-goettingen.academia.edu/BMichaelReif abgerufen werden.

Seminarübersicht »Aktien, Optionen, Derivate: Die Finanzwelt im ›Börsenspiel‹ und die Soziologie der Finanzmärkte«

I. Finanzwelt und Börse im soziologischen Blick

Die Soziologie der Finanzwelt: Unterschiedliche Zugänge
(Carruthers, Kim 2011; Windolf 2005)

Das Phänomen im Fokus: Märkte und Finanzmärkte
(Aspers, Beckert 2008; Lütz 2008)

Die Börse: gestern – und heute? Zur Aktualität eines Klassikers
(Weber 1988)

II. Performativitätstheorie und Derivate

Performativität: Ein theoretischer Ansatz der Wirtschaftssoziologie
(Callon 1998)

Derivate I: Basiswissen und soziologische Annäherung
(Esposito 2011; Shiller 2012; Spremann, Gantenbein 2013)

Derivate II: Finanzderivate im theoretischen und historisch soziologischen Blick
(MacKenzie, Millo 2003)

III. Die Börse: Realität und Spiel

Exkursion nach Frankfurt

Spekulieren, Investieren, Anlegen: Spielerisches Börsenhandeln
(Schimank, Stopper 2012)

IV. Ratingagenturen als Finanzakteure

Ratingagenturen in historischer Pespektive
(Carruthers 2013)

Ratingagenturen und die Subprime-Krise
(Hiß, Rona-Tas 2011)

V. Finanzmärkte, Finanzialisierung und Börse: Ein kritischer Blick zurück und nach vorne

Finanzmärkte, Finanzkrise und Finanzialisierung in kritischer Perspektive
(Deutschmann 2011)

Abschlussdiskussion: Finanzmärkte, Börsenspiel und Wirtschaftssoziologie
(Kraemer 2012)

Finanzwelt und Börse im soziologischen Blick

Die Studierenden sollten am Anfang des Semesters verschiedene Perspektiven finanz(markt)soziologischer Forschung kennenlernen, um die Schwerpunkte in Bezug zu anderen Bereichen setzen zu können. Ein Aufsatz von Paul Windolf (2005) stand in der zweiten Sitzung neben einem englischsprachigen Aufsatz von Bruce G. Carruthers und Jeong-Chul Kim (2011). Windolf arbeitet die institutionelle Konfiguration des Produktionsregimes Finanzmarkt-Kapitalismus heraus. Dagegen kartieren Carruthers und Kim das Feld der Finanzsoziologie. Besonders auf zwei Elemente finanzsoziologischer Forschung – Akteure und Handlungen – wurde im Verlauf des Seminars regelmäßig rekurriert. Märkte und Finanzmärkte waren das Thema der nächsten Seminarsitzung. Dabei wurde auf die Beiträge von Patrick Aspers und Jens Beckert (2008) und von Susanne Lütz (2008) im »Handbuch der Wirtschaftssoziologie« zurückgegriffen. Es ging um die Spezifika von Märkten sowie die Erarbeitung der Grundlagen ökonomischer und soziologischer Markttheorien. Außerdem wurde der Zusammenhang von Finanzmärkten und Realökonomie thematisiert. Vor diesem Hintergrund wurde ein Klassiker der Soziologie in den Blick genommen: Anhand der Börsenschriften von Max Weber (1988) sollten die Studierenden lernen, dass das Phänomen Börse soziologische Fragen provoziert, zum Beispiel bezüglich Spekulation und Arbitrage, die in der aktuellen Forschung genauso problematisiert werden wie vor 120 Jahren.[5]

Performativitätstheorie und Derivate

Derivate standen im Mittelpunkt des zweiten thematischen Blocks. Die drei Sitzungen waren darauf abgestimmt, Derivate als Finanzprodukte sowie die Funktionsweise und die Genese des Derivatehandels zu verstehen. Zuerst wurde ein schon im Aufsatz von Aspers und Beckert gestreifter wirtschaftssoziologischer Theorieansatz vertieft, der in den »Social Studies of Finance« wurzelt: die Performativitätstheorie. Gemeinsam lasen wir das von Michel Callon verfasste »Gründungsdokument« dieser theoretischen

---

5 Die aktuelle Forschung über Finanzmärkte stand im Zentrum des Seminars, so dass nur ein Klassiker berücksichtigt wurde. Bei einem anderen Zuschnitt hätten auch Georg Simmel und Werner Sombart und somit das Börsenhandeln als Gründungsszene soziologischer Theorie behandelt werden können (Langenohl 2014).

Perspektive. Callon schreibt, »that economics, in the broad sense of the term, performs, shapes and formats the economy« (1998: 2). Die ökonomische Wissenschaft zeichnet folglich für die Konstitution der Wirtschaft, das heißt ihres Erkenntnisobjekts, (mit)verantwortlich. Das in der Wirtschaftssoziologie häufig verwendete Konzept der Einbettung aufgreifend formuliert die Performativitätstheorie: »the economy is embedded not in society but in economics« (ebd.: 30). Im Anschluss daran ging es um die ökonomischen und technischen Grundlagen für das Verständnis des Derivatehandels. Das Grundlagenwissen über Swaps, Futures und Optionen wurde mit dem wirtschaftswissenschaftlichen Lehrbuch von Klaus Spremann und Pascal Gantenbein (2013) erarbeitet; Derivateanbieter wurden anhand eines Buchkapitels des Nobelpreisträgers für Ökonomie Robert J. Shiller (2012) thematisiert. Auf diese Weise sollte ein Verständnis für die Black-Scholes-Formel geschaffen werden, die für den Handel mit Derivaten konstitutiv ist. In Ergänzung der ökonomischen Literatur und zur soziologischen Annäherung an Derivate wurde ferner ein kürzerer Aufsatz von Elena Esposito (2011) ausgewählt, in dem sie die Benutzung der Zukunft im gegenwärtigen Handeln problematisiert. Das in diesen beiden Sitzungen erworbene soziologische und ökonomische Wissen diente zur Vorbereitung der Lektüre einer performativitätstheoretischen historischsoziologischen Studie von Donald MacKenzie und Yuval Millo (2003). Die Autoren zeigen, dass die Black-Scholes-Formel für die Entstehung des Marktes für derivative Finanzprodukte und Arbitrage an der *Chicago Board Options Exchange* ein wichtiger Einflussfaktor war. Unter anderem trug sie zu deren moralischer Legitimation bei. Der Optionsmarkt, so die Schlussfolgerung, kann als ein Produkt der Optionspreistheorie bezeichnet werden.[6]

---

[6] Das didaktische Konzept ist nicht aufgegangen. Die Studierenden sollten schrittweise an die Studie von MacKenzie und Millo herangeführt werden. Dies scheiterte an mangelnder Anwesenheit und Lesebereitschaft in den beiden ersten Sitzungen. Meine Nachfrage, ob etwa der Aufsatz von Callon die Studierenden überfordert habe, wurde nicht eindeutig beantwortet. Wenig Interesse bestand ferner an den Details der ökonomischen Theorie des Derivatehandels. Diesbezüglich schien die Grenze der Interdisziplinarität erreicht zu sein.

Ratingagenturen als Finanzakteure

Dass Akteure und ihre Handlungen wichtige Elemente der Soziologie der Finanzmärkte sind, wurde bereits in der zweiten Seminarsitzung festgehalten. Hierfür beispielhaft standen Ratingagenturen im Zentrum des vierten Teils. Wie haben sich Ratingagenturen historisch entwickelt? Welche Funktionen erfüllen Ratingagenturen für die Finanzmärkte? Welche Handlungen werden von Ratingagenturen durchgeführt? Mit diesen Fragen beschäftigten wir uns anhand der Aufsätze von Bruce G. Carruthers (2013) und von Stefanie Hiß und Akos Rona-Tas (2011). Im Kern der beiden Aufsätze geht es um die für das Funktionieren des Finanzmarkts bedeutende Handlung von Ratingagenturen, durch Bewertungen Unsicherheit in Risiko zu transformieren. Durch diese Operation wird Kalkulation, Rationalität und damit die Herausbildung eines Marktes ermöglicht. Während Carruthers die Entstehung von Ratings mit historischen Quellen zeigt, rücken Hiß und Rona-Tas die Rolle von Ratingagenturen bei der Entstehung der Subprime-Krise in den Mittelpunkt.

Finanzmärkte, Finanzialisierung und Börse

Am Ende der Lehrveranstaltung sollten Zusammenhänge von Derivaten und Ratingagenturen mit anderen Bereichen finanz(markt)soziologischer Forschung hergestellt werden. Anhand eines Aufsatzes von Christoph Deutschmann (2011), dem die Finanzkrise als Ausgangspunkt der Entwicklung eines Mehrebenen-Modells kapitalistischer Dynamik dient, wurde vor allem diskutiert, dass derivative Finanzprodukte kreiert werden, um Investitionsmöglichkeiten zu generieren. Investoren müssen sich auf die von Ratingagenturen zertifizierte Profitabilität dieser Produkte verlassen, weil sie durch Verbriefungen über keine eigenen Informationen über die Kreditnehmer und ihre Projekte verfügen und somit auch den Kontakt zur sozialen Basis der Realwirtschaft verlieren. Mit Klaus Kraemer fragten wir zudem allgemeiner nach dem Beitrag der Soziologie zur Erforschung von Finanzmärkten. Kraemer zeigt ein Desiderat, das vor dem Hintergrund des Börsenspiels debattiert wurde: »die sozial ungleiche Verteilung von Renditechancen und Investmentrisiken« (2012: 44). Die Marktchancen und Marktrisiken sind sozial ungleich verteilt. Man denke etwa an den Kleinanleger, der aufgrund der Reformen der Rentenversicherung um seinen Lebensstandard im Alter besorgt ist und versucht, an der Börse seine Altersversorgung zu optimieren, dabei aber mit der Hyperkomplexität der Finanzmärkte konfrontiert wird. Dieser Komplexität waren auch die Teilnehmerinnen und Teilnehmer des Börsenspiels ausgesetzt. Die Lektüre soziologischer Texte hat ihnen eher nicht bei der Komplexitätsreduktion auf der Börse geholfen, bei der Interpretation des eigenen Börsenhandelns schon eher.

Soziologie trifft Praxis. Über das Experiment Börsenspiel und den Finanzplatz Frankfurt am Main

Im Seminarablauf stellte der dritte Teil das Herzstück der Verknüpfung von Soziologie und Praxis dar. Er beinhaltete eine Diskussion über das Börsenspiel sowie die Exkursion. Durch die Teilnahme am Börsenspiel sollten die Studierenden sich eigenständig mit der Börse beschäftigen. Bevor ich versuche die Erfahrungen mit dem Börsenspiel darzustellen, werde ich zunächst einige Anmerkungen zur Organisation machen. Auf die Exkursion ins Zentrum eines weltweit bedeutenden Finanzplatzes wird danach eingegangen.

Zur Organisation des Börsenspiels

Über eine gängige Suchmaschine lassen sich im Internet mehrere Angebote für kostenlose Börsenspiele finden. Meine Wahl fiel auf das *FAZ.net Börsenspiel* der Frankfurter Allgemeinen Zeitung, das die von mir vorab festgelegten Kriterien erfüllte: einfache Bedienung, übersichtliche Benutzeroberfläche und die Möglichkeit, eine Gruppe anlegen zu können.[7] Die Studierenden mussten sich selbstständig registrieren, danach konnte ich sie in die von mir angelegte Gruppe einladen. Alle Teilnehmerinnen und Teilnehmer erhielten ein fiktives Startkapital von 50.000 Euro und konnten ohne Einschränkungen Orderaktionen durchführen.

Die ursprüngliche Idee, dass die Studierenden in Teams am Börsenspiel teilnehmen, konnte nicht realisiert werden. Der Vorteil von Teams besteht darin, dass die Aktivitäten im Börsenspiel diskutiert werden können. Da-

---

[7] http://boersenspiel.faz.net/. Da das *FAZ.net Börsenspiel* den Kriterien entsprach, habe ich andere Anbieter nicht näher in Augenschein genommen.

durch dürften die Entscheidungen für oder gegen bestimmte Transaktionen rationaler getroffen werden. Dies erfordert allerdings die Bereitschaft der Studierenden zur Koordination und Kommunikation im Team. In dem von mir geleiteten Kurs war diese Bereitschaft nicht vorhanden. Gegen Teamarbeit führten die Studierenden vor allem zeitliche Gründe an. Sie wollten zum Beispiel kurzfristig auf Entwicklungen der Finanzmärkte reagieren oder nach ihrem individuellen Zeitplan spielen können. Jede Teilnehmerin, jeder Teilnehmer nahm demzufolge allein am Börsenspiel teil.

Ferner mussten die Teilnehmerinnen und Teilnehmer an zwei Terminen eine Dokumentation zu den Aktivitäten im Börsenspiel vorlegen. Es sollte schriftlich festgehalten werden, welches Finanzprodukt gekauft oder verkauft wurde. Die genutzten Informationsquellen sollten ebenfalls genannt werden. Von besonderer Relevanz war die Begründung der Entscheidung für eine Orderaktion; möglichst präzise sollten die Erwägungen dokumentiert werden. Im Seminar sollten dann anhand der Dokumentationen die Orderaktionen und verfolgten Strategien gemeinsam (mit Bezug zur Literatur) diskutiert werden.

Soziologinnen und Soziologen im Börsenspiel

Als Impuls für die Seminardiskussion über das Börsenspiel hatte ich einen Aufsatz von Uwe Schimank und Silke Stopper (2012) ausgewählt, in dem Ergebnisse eines Forschungsprojekts über Kleinanleger auf dem Finanzmarkt präsentiert werden. Da sich die Studierenden gegen die Teilnahme in Teams entschieden hatten, konnten besonders gut die Parallelen zwischen den im Aufsatz dargelegten empirischen Erkenntnissen über Kleinanleger und den eigenen Erfahrungen auf der Börse diskutiert werden. Wenig überraschend stellte sich heraus, dass Studierende und Dozent vor typischen Problemen von Kleinanlegern stehen. In der Darstellung des Börsenspiels greife ich im Folgenden auf die Dokumentationen der Teilnehmerinnen und Teilnehmer sowie auf meine Erinnerungen an die Seminardiskussionen zurück. Es geht nicht darum, im Detail Begründungen für Orderaktionen zu analysieren oder Investitionsstrategien zu rekonstruieren. Vielmehr werden schlaglichtartig interessante Facetten geschildert, um einen ersten Eindruck der Erfahrungen einer Lehrveranstaltung mit Börsenspiel zu vermitteln.

Ein typisches Problem von Kleinanlegern ist die mangelnde Zeit den Finanzmarkt zu beobachten und sich umfassend zu informieren. Im Börsenspiel wurden die Investitionsentscheidungen deshalb häufig aufgrund von Aktientipps aus dem Internet getroffen. In der Regel wird auf derartigen Seiten die Kaufempfehlung damit begründet, dass das jeweilige Unternehmen vor dem Durchbruch stünde und ein steigender Aktienkurs zu erwarten sei. Solche Tipps sind selbstverständlich nicht immer zutreffend. Anhand dieser Erfahrung wurde ein wichtiger theoretischer Aspekt wirtschaftssoziologischer Forschung zum eigenen Börsenhandeln in Beziehung gesetzt: die Differenz von Unsicherheit und Risiko bei Investitionsentscheidungen. Die erwartete Zukunft wurde in der Gegenwart zur Grundlage der Orderaktion. Der Aktienkauf auf der Basis von Empfehlungen im Internet ist eine Möglichkeit mit der Komplexität der Finanzmärkte umzugehen. Außerdem verleihen die Tipps der Investitionsentscheidung eine Form von Rationalität, weil man sich auf die Einschätzung von Personen verlässt, die den Finanzmarkt (vermeintlich oder tatsächlich) professionell beobachten.

Im Börsenspiel wurden auch wenig reflektierte Begründungen für Orderaktionen genannt. So wurde zum Beispiel in Aktien von Konzernen investiert – etwa in der Automobilbranche. Der angeführte Grund lautete in der Regel, dass man Unternehmen und Marke kenne, diese allgemein bekannt und die Produkte beliebt seien. Die Konzerngröße und die Bekanntheit der Marke, sozusagen die ökonomischen Erfolge der Vergangenheit, dienen hierbei der Komplexitätsreduktion und der Rationalisierung des zukunftsgerichteten Handelns. Man vertraut der Leistungsfähigkeit des Unternehmens und erwartet weiterhin eine positive Entwicklung des Aktienkurses. Die Vergangenheit wird in der Gegenwart benutzt, um in Zukunft Gewinne zu realisieren. Von einem solchen »Sympathie- und Vertrauensbonus« berichten auch Schimank und Stopper (2012: 255). Ein solcher Bonus, der bis zur persönlichen Identifikation mit den Unternehmenswerten reichen kann, kann ebenso bei der Investition in Aktiengesellschaften festgestellt werden, die ökologische Produkte herstellen. Ein entsprechender Kauf wurde damit begründet, dass man eine »Öko-Aktie« haben wollte.

Im Börsenspiel wurden außerdem Orderaktionen durchgeführt, die wegen der intensiveren Marktbeobachtung oder dem Gespür für die politische Dimension von Finanzmärkten von Interesse sind: Gekauft wurden Aktien eines Unternehmens aus der Elektronikbranche, weil die in Kürze bevorstehende Markteinführung eines neuen Smartphone-Modells einen steigenden Aktienkurs erwarten ließ. Der realisierte Gewinn fiel aufgrund der geringen Stückzahl der erworbenen Aktien allerdings klein aus. Die risikominimierende Strategie des Kaufs weniger Aktien eines Unternehmens, die mit einer breiten Streuung des Portfolios einherging, wurde daraufhin geändert. Zur Realisierung höherer Gewinne wurden von weniger Unternehmen größere Aktienpakete gekauft; das gestiegene Risiko wurde akzeptiert.

In einem anderen Fall wurde ein europäisches Industrieunternehmen zum Ziel einer Übernahme, wobei ein europäischer und ein amerikanischer Konzern um die Übernahme konkurrierten. Dies führe in der Regel zu einem steigenden Aktienkurs des Übernahmekandidaten, so der Grund für den Aktienkauf. Mit dieser Strategie wurden Gewinne realisiert. Ferner wurde erwartet, dass aus industriepolitischen Gründen der europäische Konzern den Zuschlag für die Übernahme erhalten würde. Deshalb wurde das Risiko eingegangen, auch von diesem Konzern Aktien zu erwerben. Da der amerikanische Konzern den Zuschlag erhielt, handelte es sich um keine erfolgreiche Kalkulation.

Anhand des letzten Beispiels, das hier geschildert wird, rückt der Zusammenhang von Politik und Finanzmärkten besonders in den Fokus. Zwei Studierende investierten unabhängig voneinander in Aktien deutscher Rüstungsunternehmen. Die geopolitischen Konflikte im Sommer 2014 veranlassten sie zu dieser Investitionsentscheidung, die sich positiv auf die Entwicklung ihrer Depots auswirkte. Sie tätigten ihre Orderaktionen unter der Prämisse, dass die Rüstungsindustrie von der militärischen Eskalation der verschiedenen Konflikte profitieren würde. Der Markt dürfte nicht im Zentrum ihrer Beobachtungen gestanden haben. Wurde der Markt aber überhaupt sondiert? Oder handelt es sich hierbei um eine Orderaktion, die im Wesentlichen durch das Wissen um die in bestimmten Branchen Profit steigernde Wirkung der Eskalation von Gewalt motiviert war? Das spezifische Wissen um den Zusammenhang ermöglichte in jedem Fall die Wahrnehmung dieser Marktchance.

Die vorstehend dargestellten Orderaktionen bilden die Vielfältigkeit der Diskussionsstränge ab, die sich im Seminar aus dem Börsenspiel ergeben haben. Auffallend ist, dass fast ausschließlich der Aktienkauf thematisiert wurde. Die Gründe für den Verkauf von Aktien wurden quasi nicht dokumentiert. Außerdem können keine Aussagen über letztlich nicht durchgeführte Orderaktionen gemacht werden, über die die Soziologinnen und Soziologen im Börsenspiel sicherlich nachgedacht haben, bevor sie sich für andere Handlungen entschieden haben. Es kann festgehalten werden, dass die eigenen Erfahrungen nicht nur mit dem anhand der Lektüre erarbeiteten soziologischen Wissen verbunden, sondern auch bezogen auf den weiteren politischen Kontext von Finanzmärkten diskutiert wurden.

Über den Finanzplatz Frankfurt am Main

Die Finanzwelt sollte ferner im Rahmen einer Exkursion nach Frankfurt kennengelernt und praxisnah veranschaulicht werden. Angedacht war der Besuch der Deutschen Börse sowie des *trading rooms* einer Bank. Letzteres konnte nicht verwirklicht werden, trotz Anfragen bei mehreren Banken. Als Grund für die ablehnende Haltung wurde mir in einem Telefonat mitgeteilt, dass seit der Finanzkrise die Möglichkeit einer Besichtigung nicht mehr bestehe. Stattdessen habe ich das Geldmuseum der Deutschen Bundesbank als zweiten Programmpunkt ausgewählt.

Im Geldmuseum sollte im Rahmen einer historisch orientierten Führung die Perspektive auf die Finanzwelt um die Geschichte des Geldes und des Geldsystems erweitert werden. Das Geld zählt seit Georg Simmel zu den Themen der Soziologie. Mit Geld beschäftigen sich außerdem zum Beispiel die Anthropologie oder die Philosophie – und die Wirtschaftswissenschaften. Die ökonomische stellt also nur eine Perspektive zum Verständnis der Entstehung des Geldes und seiner Funktionen dar. Dennoch dominierte sie die besichtigte Ausstellung, die deshalb als unterkomplex wahrgenommen wurde. Da das Geldmuseum kurze Zeit nach unserem Besuch zu Modernisierungszwecken für längere Zeit geschlossen wurde, bleibt zu wünschen, dass die neue Ausstellung auf der Basis der Erkenntnisse aller »Geldwissenschaften« entwickelt und dann die Geschichte des Geldes und die Geldpolitik unseres Zeitalters ausgewogen dargestellt wird.

In der Deutschen Börse zeichnete der Referent in seinem Vortrag ein differenziertes Bild des Unternehmens Deutsche Börse und dessen Geschichte, der Organisation einer Börse, der Funktionsweise des Börsenhandels und der in Frankfurt gehandelten Finanzprodukte. Die auf diese Weise gewonnen Informationen gingen weit über die in der Seminarliteratur behandelten Aspekte hinaus. Die Beobachtung des Parketthandels verdeutlichte außerdem, dass der Handel in Frankfurt vollständig elektronisch durchgeführt wird. Dadurch erhielt die Gruppe einen kleinen Eindruck von den sozio-technologischen Arbeitsbedingungen der Beschäftigten des Finanzmarkts, die eigentlich im *trading room* beobachtet werden sollten. Sichtbar wurde die Transformation der Arbeitsbedingungen und der Organisation des Finanzmarkts besonders durch eine großformatige Fotografie des Parketthandels im Vortragsraum der Deutschen Börse. Im Fokus steht ein Beschäftigter der Deutschen Börse, der vor der Umstellung auf den elektronischen Handel ausschließlich für den Handel mit Aktien einer deutschen Bank auf dem Parkett der Börse in Frankfurt zuständig war.

Und noch ein Experiment: Schreibdenken

Der Seminarplan zur Soziologie mit Börsenspiel war vor Semesterbeginn ausgearbeitet. Das erscheint mir in unserer Disziplin als üblich, bisweilen wird er im Semester verändert. Während des Semesters stehen wir als Lehrende in jeder Woche vor der Frage, wie das Seminar didaktisch gestaltet werden kann. Eignet sich Brainstorming zur Sammlung der wichtigsten Begriffe, die dann genauer besprochen und definiert werden? Formuliere ich vorab Fragen zu den wichtigsten Textstellen, die das stärker frontal geleitete Lehrgespräch strukturieren und die Studierenden durch die Literatur leiten? Plane ich Gruppenarbeit? Die Hinweise auf das didaktische Instrumentarium haben eine Gemeinsamkeit: Sie versuchen die Studierenden zur Diskussion über das Gelesene anzuregen.[8] In der Seminardiskussion die Thesen des Textes in eigenen Worten zu formulieren, Argumente zu entfalten und bisweilen konträre Interpretationen zu vertreten, sind wichtige Bestandteile des soziologischen Studiums. Ein weiterer Bestandteil ist das Verfassen von Texten. Thesenpapiere, Essays, Haus- und Abschlussarbeiten etc. müssen geschrieben werden. In diesem Seminar habe ich deshalb einen Schwerpunkt auf die Integration von Schreiben in die Lehre gelegt. Die Studierenden sollten Schreibtechniken erlernen, die ihnen bei zukünftigen Schreibprojekten nützlich sein können. Um eine »publikationsorientierte Vermittlung von Schreibkompetenzen« (Kühl 2015) ging es dabei nicht. Vielmehr zielten die in fast allen Seminarsitzungen durchgeführten Varianten des »Schreibdenkens« (Scheuermann 2013) darauf ab, den Einstieg in den Schreibprozess zu vereinfachen. Außerdem mussten die Studierenden sich dadurch schriftlich mit dem Inhalt auseinandersetzen. Dies hatte in diesem Seminar zur Soziologie der Finanzmärkte einen

---

8 In diesem Seminar wurde in der Regel auf hohem Niveau diskutiert. Begünstigt wurde dies durch die kleine Gruppengröße und dadurch, dass es sich durchweg um fortgeschrittene Bachelor-Studierende handelte, die meistens sehr gut vorbereitet waren.

weiteren Vorteil: Durch Schreibdenken wurde versucht, die thematische Komplexität zu beherrschen, weil die Übungen entweder auf bestimmte Aspekte fokussierten oder zur Reflexion des Gelernten anregten.

Was ist Schreibdenken? »Beim Schreibdenken gehen Schreiben und Denken eine schöpferische Verbindung ein.« (ebd.: 18) Während des Schreibprozesses, der Formulierung von Wörtern und Sätzen, geht das Denken weiter. Diese Parallelität von Schreiben und Weiterdenken macht sich die Methode des Schreibdenkens zunutze, um mittels verschiedener Techniken die Gedanken schriftlich festzuhalten und bestenfalls neue Ideen zu generieren. Dabei sind einige wenige Grundregeln zu beachten (ebd.: 19 ff.): Die wichtigste Regel des Schreibdenkens ist die Regel der Privatheit. Die verfassten Texte werden nicht öffentlich. Das während des Schreibdenkens Geschriebene wird also nicht von anderen Personen gelesen. Dadurch sollen Hemmungen vermieden werden, die aus einer späteren Bewertung des Textes durch andere entstehen können. Selbstzensur soll abgebaut, Angst vor Fehlern überwunden werden. Es geht gerade nicht um den »perfekten Text«, sondern um unzensiertes und assoziatives Schreiben. Auf diese Weise entstehen Texte, die häufig nicht gut leserlich sich und bisweilen viele verschiedene Gedanken enthalten. Eine weitere Regel ist deshalb, das Geschriebene selbst auszuwerten. Wichtige Gedanken beziehungsweise Inhalte sollten markiert oder ins Reine geschrieben werden.

Zwei weitere Regeln lauten, Schreibdenken schnell und kurz durchzuführen. Durch die Schnelligkeit wird der Abstand zwischen vorauseilendem Denken und dem Schreibtempo reduziert, womit wiederum Selbstzensur entgegen gewirkt werden soll. Die zeitliche Begrenzung dient dazu, fokussiert zu schreiben und gedankliche Abschweifungen zu verhindern. Diese beiden Regeln sind für die im Seminar durchgeführten Schreibdenktechniken besonders relevant. Der »Methodenkoffer« enthält unterschiedliche Techniken des Schreibdenkens (ebd.: 69 ff.). Im Seminar wurden regelmäßig so genannte Schreibsprints durchgeführt. Beim Seriensprint wird der Satzanfang vorgegeben; innerhalb von circa drei Minuten wird der Satz dann fünf- bis siebenmal zu Ende geschrieben. Beim Fokussprint wird auf ein formuliertes Thema fokussiert, zu dem dann fünf bis sechs Minuten geschrieben wird. Beide Schreibtechniken lassen sich aufgrund der kurzen Dauer gut in den Seminarablauf einbauen, wobei sich nach meiner Erfahrung der Seriensprint eher für den Beginn, der Fokussprint besser für das Seminarende eignet.

Fazit

Im Seminar »Aktien, Optionen, Derivate: Die Finanzwelt im ›Börsenspiel‹ und die Soziologie der Finanzmärkte« wurde ein Ausschnitt der sozialen Realität des Kapitalismus der Gegenwart behandelt. Die Kombination von Theorie, Empirie und Praxis ermöglichte die Heranführung an das vielschichtige Forschungsfeld der Soziologie der Finanzmärkte und somit den Studierenden die Bildung eines soziologisch fundierten Standpunkts bezüglich der behandelten sozialen Phänomene. Die Kritik an den durch die Finanzmarktkrise induzierten sozialen Verwerfungen in Europa und darüber hinaus kam dabei nicht zu kurz, im Zentrum der Lehrveranstaltung stand jedoch die Idee, Finanzmärkte respektive die Börse, Aktien, Derivate und Ratingagenturen zu verstehen. Die gemeinsame Diskussion war, wie geschildert wurde, nur ein Teil des Seminars. Im Börsenspiel handelten die Teilnehmerinnen und Teilnehmer auf dem Finanzmarkt, und in Frankfurt am Main erhielten wir einen Einblick in die Finanzwelt.

Die Integration von Schreiben in die Lehre via Schreibdenken hat funktioniert. Die Skepsis der Studierenden wurde zwar nicht vollständig überwunden, dennoch haben sie sich auf dieses Experiment eingelassen und es gut angenommen. Die Schreibdenk-Techniken stellen eine leicht umsetzbare Möglichkeit dar, die universitäre Lehre beziehungsweise das Lernen im Seminar zu erweitern. Gerade bei komplexen Texten kann zum Beispiel durch die entsprechend ausgerichtete Schreibdenk-Technik auf bestimmte Aspekte fokussiert werden. Dies kann wiederum die Seminardiskussion positiv beeinflussen.

In der Evaluation der Lehrveranstaltung äußerten sich die Studierenden kritisch über das Börsenspiel. Der dafür zusätzlich zur Vor- und Nachbereitung der Inhalte notwendige Arbeitsaufwand sei in Anbetracht des »Ertrags« zu hoch gewesen. Dieser Kritikpunkt könnte vielleicht abgemildert werden, wenn beispielsweise eine schriftliche Reflexion der Dokumentation des Börsenspiels zu einem Teil der Modulprüfung würde.

Ich habe weiter oben einen Einblick in den »Ertrag« des Börsenspiels gegeben und dargelegt, dass Soziologie mit Börsenspiel ein Experiment war, das sich trotz der studentischen Kritik gelohnt hat. Die Studierenden haben sich selbstständig mit einem gesellschaftlichen Bereich beschäftigt, dem man sich allein durch Lektüre nur schwer nähern kann. In der Diskussion über die Aktivitäten an der Börse wurden diese außerdem mit dem empirischen und theoretischen Wissen verknüpft. Dieser Punkt muss besonders betont werden, zumal die Studierenden ebenfalls berichteten, durch das Seminar die öffentliche Debatte über Finanzmärkte sowohl in politischer als auch ökonomischer respektive technischer Hinsicht besser nachvollziehen und kritisch reflektieren zu können. So banal es klingen mag: Das Studium der Soziologie kann zum besseren Verständnis gesellschaftlicher Ereignisse beitragen. Und zum Verstehen von Finanzmärkten und Finanzmarktkapitalismus hat die Soziologie mit Börsenspiel einen kleinen Beitrag geleistet.

Literatur

Aspers, P., Beckert, J. 2008: Märkte. In A. Maurer (Hg.), Handbuch der Wirtschaftssoziologie. Wiesbaden: VS, 225–246.

Callon, M. 1998: Introduction: the embeddedness of economic markets in economics. In M. Callon (Hg.), The Laws of the Market. London: Blackwell, 1–57.

Carruthers, B. G. 2013: From uncertainty toward risk: the case of credit ratings. Socio-Economic Review, 11. Jg., Heft 4, 525–551.

Carruthers, B. G., Kim, J.-C. 2011: The Sociology of Finance. Annual Review of Sociology, 37. Jg., 239–259.

Deutschmann, C. 2011: Limits to Financialization. Sociological Analyses of the Financial Crisis. Archives Européennes de Sociologie, 52. Jg., Heft 3, 347–389.

Esposito, E. 2011: Using the Future in the Present: Risk and Surprise in Financial Markets. Economic Sociology. The European Electronic Newsletter, 12. Jg. Heft 3, 13–18.

Hiß, S., Rona-Tas, A. 2011: Wie entstehen Preise? Zur Lösung des Bewertungsproblems auf dem Markt für Ratingurteile strukturierter Finanzprodukte. Berliner Journal für Soziologie, 21. Jg., Heft 4, 469–494.

Kraemer, K. 2012: Ideen, Interessen und Institutionen: Welchen Beitrag kann die Soziologie zur Analyse moderner Finanzmärkte leisten? In K. Kraemer, S. Nessel (Hg.), Entfesselte Finanzmärkte. Soziologische Analysen des modernen Kapitalismus. Frankfurt am Main: Campus, 25–62.

Kühl, S. 2015: Die publikationsorientierte Vermittlung von Schreibkompetenzen. Zur Orientierung des studentischen Schreibens in der Soziologie am wissenschaftlichen Veröffentlichungsprozess. Soziologie, 44. Jg., Heft 1, 56–77.

Langenohl, A. 2014: Börsenhandel als Gründungsszene soziologischer Theorieauseinandersetzungen. In S. Farzin, H. Laux (Hg.), Gründungsszenen soziologischer Theorie. Wiesbaden: Springer VS, 125–137.

Lessenich, S. 2015: Die Externalisierungsgesellschaft. Ein Internalisierungsversuch. Soziologie, 44. Jg., Heft 1, 22–32.

Lütz, S. 2008: Finanzmärkte. In A. Maurer (Hg.), Handbuch der Wirtschaftssoziologie. Wiesbaden: VS, 341–360.

MacKenzie, D., Millo, Y. 2003: Constructing a Market, Performing Theory: The Historical Sociology of a Financial Derivatives Exchange. American Journal of Sociology, 109. Jg., Heft 1, 107–145.

Sassen, S. 1996: Metropolen des Weltmarkts. Die neue Rolle der Global Cities. Frankfurt am Main, New York: Campus.

Scheuermann, U. 2013: Schreibdenken. Schreiben als Denk- und Lernwerkzeug nutzen und vermitteln. 2. Auflage. Opladen, Toronto: Verlag Barbara Budrich.

Schimank, U., Stopper, S. 2012: Kleinanleger auf dem Finanzmarkt: Praktiken der Hilflosigkeitsabsorption. In K. Kraemer, S. Nessel (Hg.), Entfesselte Finanzmärkte. Soziologische Analysen des modernen Kapitalismus. Frankfurt am Main: Campus, 243–261.

Shiller, R. J. 2012: Die Derivateanbieter. In R. J. Shiller, Märkte für Menschen. So schaffen wir ein besseres Finanzsystem. Bonn: Bundeszentrale für politische Bildung, 113–121.

Spremann, K., Gantenbein, P. 2013: Swaps, Futures, Optionen. In K. Spremann, P. Gantenbein (Hg.), Finanzmärkte. Grundlagen, Instrumente, Zusammenhänge. 2., überarbeitete und erweiterte Auflage. Konstanz, München: UVK, Lucius [UTB], 205–220.

Vobruba, G. 2013: Editorial. Soziologie, 42. Jg., Heft 1, 5–6.

Weber, M. 1988 [1894/1896]: Die Börse. In M. Weber, Gesammelte Aufsätze zur Soziologie und Sozialpolitik. Tübingen: J. C. B. Mohr (Paul Siebeck), 256–322.

Windolf, P. 2005: Was ist Finanzmarkt-Kapitalismus? In P. Windolf (Hg.), Finanzmarkt-Kapitalismus. Analysen zum Wandel von Produktionsregimen. Kölner Zeitschrift für Soziologie und Sozialpsychologie, Sonderheft 45. Wiesbaden: VS, 20–57.

Stellungnahme zur Archivierung und Sekundärnutzung von Daten der qualitativen Sozialforschung

Rat für Sozial- und Wirtschaftsdaten

Ziele des RatSWD

Der RatSWD[1] ist dem Ziel verpflichtet, optimale Bedingungen für die Schaffung von und den Zugang der Wissenschaft zu Forschungsdaten herzustellen. Daher unterstützt der RatSWD Bemühungen um eine nachhaltige Sicherung und Bereitstellung von qualitätsgesicherten Forschungsdaten – insbesondere aus öffentlicher Förderung – für die Wissenschaft. Solche Daten sind in vielen Forschungsfeldern eine Voraussetzung für wettbewerbsfähige und innovative Forschung. Hierbei spielen die Entwicklung und Einhaltung methodenangemessener Standards zur Sicherstellung einer hohen Datenqualität – auch mit Blick auf die Wahrung geistigen Eigentums, die Innovationsfähigkeit des Forschungssystems, datenschutz-

---

1 Der Rat für Sozial- und Wirtschaftsdaten (RatSWD) berät die Bundesregierung und die Regierungen der Länder zu Fragen der Weiterentwicklung der Forschungsdateninfrastruktur in den Sozial-, Verhaltens- und Wirtschaftswissenschaften. Das übergreifende Ziel des RatSWD ist die Verbesserung des Zugangs zu qualitativ hochwertigen Daten für die Wissenschaft. Zu diesem Zweck vermittelt der RatSWD zwischen den Interessen von Forschung und Datenproduzenten und sorgt mit seiner bundesweiten Koordination für eine strategische Entwicklung der deutschen Forschungsdatenlandschaft. Zugleich nimmt er eine Schlüsselrolle bei der Initiierung und Etablierung von Standards für die Erhebung, Speicherung, Bereitstellung und Qualitätssicherung von Forschungsdaten ein. Um die hierfür notwendigen Lösungen zu finden, ist der RatSWD als ein unabhängiges Gremium von gewählten, empirisch arbeitenden Wissenschaftlerinnen und Wissenschaftlern aus Universitäten, Hochschulen und anderen wissenschaftlichen Einrichtungen sowie von Vertreterinnen und Vertretern wichtiger Datenproduzenten organisiert. Nähere Informationen finden Sie unter www.ratswd.de.

rechtliche und forschungsethische Anforderungen – ebenso wie die praktische Weiterentwicklung und Verbesserung entsprechender Forschungsinfrastrukturen eine maßgebliche Rolle.

Entwicklung der Qualitätssicherung in der empirischen Sozial- und Wirtschaftsforschung

Der RatSWD nimmt insbesondere im Bereich der quantitativen Analysen (beispielsweise in der empirischen Wirtschaftsforschung und in vielen anderen empirischen Disziplinen) Entwicklungen hin zu einer Replikationskultur zur Kenntnis. In diesem Rahmen wird die Bereitstellung von Analysedaten oder wenigstens Programmcodes, die auf zugangsgeschützte Daten nach Klärung von Zugangsrechten angewendet werden können, zum wissenschaftlichen Standard. Neben den Kostenersparnissen, die durch die Bereitstellung vorhandener Daten für weitere Forschende realisiert werden können, und die damit verbundene Erleichterung von Anschluss- und Parallelforschung, erleichtert dieser Kulturwandel die Prävention und das Aufdecken von Fehlern und führt zu einem bewussteren Umgang mit und der sorgfältigeren Analyse von Daten. Zur besseren Erreichbarkeit dieser Ziele wurden in Deutschland für die quantitativen Sozial-, Verhaltens- und Wirtschaftswissenschaften bislang fast 30 Forschungsdaten- und Servicezentren eingerichtet. Die Zahl von vergleichbaren Einrichtungen wächst auch in anderen Ländern.

Ziel: Archivierung und Bereitstellung von qualitativen Daten für Sekundärnutzung

Der RatSWD befürwortet grundsätzlich die Archivierung und die Bereitstellung qualitativer Daten für Sekundäranalysen und unterstützt die aktuell laufenden Initiativen und Forschungsprojekte, die sich mit der potenziellen Sekundärnutzung qualitativer Daten beschäftigen. Wissenschaftliche Aussagen sollten auf transparente und für Dritte nachvollziehbare Weise zustande kommen. In der qualitativen Forschung wird dies praktiziert durch kollektive Formen der Ergebnisproduktion in Interpretationsgruppen und kooperativen Settings sowie durch die Offenlegung von Qualitätssicherungsmaßnahmen im Forschungsprozess, bspw. in Berichten und Publikationen. Zudem gibt es, wie in der quantitativen Forschung, die Möglichkeit der Reproduzierbarkeit durch erneute Forschung; klassische Re-Analysen, wie sie sich in der quantitativen Forschung bewährt haben, sind in der qualitativ-interpretativen Forschung aus verschiedenen – insbesondere methodologischen – Gründen in der Regel nicht möglich. Transparenz über die Her- und Ableitung wissenschaftlicher Aussagen ist in beiden wissenschaftlichen Traditionen ein unverzichtbares konstituierendes Element wissenschaftlicher Forschung. Daher unterstützt der RatSWD die Bemühungen der Fachgesellschaften und der Forschungsförderer um einen differenzierten eigentumsrechtlich angemessenen, ethischen und datenschutzrechtlichen Umgang mit der Vielfalt an Datentypen. Dies entspricht den internationalen Standards zur Archivierung und Sekundärnutzung von Daten, die Forschende auffordern zu prüfen, ob und mit welchen speziellen Arrangements qualitative Daten für eine Sekundärnutzung bereitgestellt werden können.[2]

In Übereinstimmung mit der gemeinsamen Stellungnahme der Sektionen »Biographieforschung« und »Methoden der qualitativen Sozialforschung« der DGS[3] erkennt der RatSWD an, dass die Frage der Möglichkeit, der Angemessenheit und des wissenschaftlichen Nutzens von Sekundäranalysen nach Materialart und Forschungsmethoden differenziert zu beantworten ist. Der RatSWD ist sich der Tatsache bewusst, dass Datenmaterial in der qualitativen Sozialforschung in Prozessen generiert wird, die sich von denen der quantitativen Sozialforschung deutlich unterscheiden. Gleichwohl spricht er sich dafür aus, auch im Bereich der qualitativen Sozialforschung grundsätzlich eine Kultur der Datenbereitstellung zu fördern. Anträge auf öffentlich finanzierte Forschungsförderung sollten Aussagen zur Möglichkeit der Datenbereitstellung für eine Sekundärnutzung treffen. Forschungsförderer sollten bei der Bewertung der Förderanträge prüfen bzw. von den Gutachtenden beurteilen lassen, ob die zu sammelnden qua-

---

2 Eine allgemeine Diskussion sowie zahlreiche Verweise finden sich bei Cligget (2013, www.nova.edu/ssss/QR/QR18/cliggett1.pdf). Die amerikanische National Science Foundation beschreibt Vorgaben zu »Data Archiving Policy« für qualitative Daten (www.nsf.gov/sbe/ses/common/archive.jsp) und auch das britisch ESRC verweist in seiner *Research Data Policy* auf qualitative Daten (www.esrc.ac.uk/_images/research-data-policy_tc m8-34123.pdf).
3 www.soziologie.de/fileadmin/user_upload/Sektion_Biographieforschung/Resolution_ Datenarchivierung_Final-1.pdf

litativen Daten potenziell für eine Sekundärnutzung geeignet und nützlich wären und ob die Antragstellenden gegebenenfalls angemessene Maßnahmen der Archivierung und Bereitstellung (im Rahmen des Datenschutzes) vorsehen. Da die Förderung wissenschaftlicher Forschung vorrangig eine Frage fachlicher Qualität und inhaltlicher Relevanz ist, soll die Förderung nicht von der Eignung der Daten für Sekundärnutzungen abhängig gemacht werden.

Auch im Bereich der qualitativen Forschung in den Sozial- und Wirtschaftswissenschaften soll den Forschenden eine Infrastruktur verfügbar gemacht werden, die eine sichere Archivierung der produzierten Forschungsdaten erlaubt, etwa in Form spezialisierter Forschungsdatenzentren. »Sicher« meint hier – wie im Bereich der quantitativen Forschung – eine langfristig verlässliche technische Qualität, aber auch Schutz vor missbräuchlichen Zugriffen durch Dritte.

Zu klären ist im Zusammenhang mit Archivierung und Sekundärnutzungen auch der Umgang mit schutzwürdigen Eigentumsrechten an den Informationen, die in qualitativen Studien enthalten sind bzw. die im Zuge einer qualitativen Studie von Primärforschenden erzeugt werden. Die Klärung und der Schutz von Eigentumsrechten ist hierbei kein Spezialproblem der qualitativen Forschung, sondern sie ist ein übergreifendes Problem in der gesamten Scientific Community.

Spezifika qualitativer Forschung

Innerhalb der qualitativen Sozialforschung werden – ebenso wie inzwischen auch in der quantitativen Sozial- und Wirtschaftsforschung – verschiedene, gleichermaßen wissenschaftlich legitimierte Forschungsstile und -methoden praktiziert, die unterschiedliche Typen von Datenmaterial hervorbringen.

Qualitative Sozialforschung erforscht häufig sensible Bereiche und Prozesse der Gesellschaft, zu denen ein produktiver unmittelbarer Zugang nur herzustellen ist, wenn ein besonderes Vertrauensverhältnis zwischen Forschenden und Informanten und Informantinnen etabliert werden kann (zum Beispiel Devianzforschung oder Migrationsforschung). Die Ankündigung möglicher Sekundärnutzungen vermag hier nicht nur den Zugang, sondern auch den Rapport mit dem Feld empfindlich zu stören.[4]

Datenmaterial der qualitativen Forschung wird für die jeweils spezifischen Untersuchungsfragen generiert, die in starkem Maße die Art und die Auswahl des Datenmaterials prägen. Sekundärnutzungen für andere als die Ausgangsfragestellungen werfen daher gerade bei stark kontextabhängigen Daten (zum Beispiel in der Biographieforschung oder der Ethnographie) methodologische Probleme auf, die erheblichen Anforderungen an die Archivierung und an eine Freigabe der Daten für Zwecke anderer Forschender stellen. Kontexte, die eine Bewertung des Datenmaterials erlauben, müssen dazu dokumentiert werden.

Forschende sind in unterschiedlichem Maße, in der qualitativen Forschung jedoch typischerweise sehr ausgeprägt, aktiv in die Produktion von Datenmaterial eingebunden. Insbesondere in ethnographischen Verfahren werden sie zu Autoren ihres Materials, das umgekehrt immer bereits Elemente der analytischen Eigenleistung der Forschenden enthält. Die Frage der Weitergabe berührt in diesen Fällen also in besonderem Maße die Frage des geistigen Eigentums.

Aus der Forschungslogik qualitativer Forschung folgen Konsequenzen für die Art und den Status der Daten und damit auch für Fragen der Archivierung und Sekundärnutzung.

Anforderungen an die Archivierung und Sekundärnutzung qualitativer Daten

Besondere Anforderungen ergeben sich zunächst mit Blick auf Möglichkeiten, Erfordernisse und Aufwand einer dem Material angemessenen Anonymisierung und Beschreibung des Kontextes der Daten (Meta-Daten). Bedürfen schon die kontextreichen Daten von Leitfadeninterviews einer umfänglichen Maskierung, um sie ohne Gefährdung des Schutzes der Informanten und Informantinnen Dritten zugänglich machen zu können, so nimmt dieser Aufwand bei audio-visuellen Daten und bei umfassenden Feldprotokollen ethnographischer Forschung erheblich zu. Zugleich schrän-

---

[4] Zu den datenschutzrechtlichen Anforderungen bei der Generierung und Archivierung qualitativer Interviewdaten vgl. Liebig et al. 2014 (Working Paper 238/2014 des RatSWD unter http://www.ratswd.de/dl/RatSWD_WP_238.pdf).

ken die erforderlichen Anonymisierungsschritte (zum Beispiel verpixelte Gesichter bei videographischen Interaktionsanalysen) den heuristischen Wert des Materials erheblich ein. Es gilt zunächst, für die zur Sicherung der guten wissenschaftlichen Praxis erforderlichen Aufbewahrungsfristen Archivierungsverfahren bereit zu stellen, die versprechen, den Wert des Datenmaterials für die Forschenden zu erhalten, ohne den Datenschutz zu gefährden.

Sekundärnutzungen qualitativer Daten außerhalb des ursprünglichen Datenkontextes stellen darüber hinausgehende Anforderungen und werfen über die Archivierungsfragen hinaus zusätzliche Fragen auf. Dies betrifft mindestens die folgenden Aspekte:

Regelungen zur Archivierung wie zur Sekundärnutzung dürfen die Möglichkeiten zum Feldzugang und damit zur Gewinnung relevanter Daten nicht negativ beeinflussen. Die Produktion von Daten hat Vorrang vor deren Sekundärnutzung. Während eine potentielle Sekundärnutzung in einigen Forschungsfeldern (zum Beispiel Devianzforschung, fallbezogene Studien in der Medizinsoziologie, Managementstudien, Biographieforschung) den Feldzugang und damit die Datenproduktion offenkundig unterbinden kann, besteht derzeit abgesehen von den Erfahrungen der Forschenden wenig empirisch gesichertes Wissen, wie sich dies in anderen Forschungsfeldern auf die Teilnahme- und Auskunftsbereitschaft auswirkt. Der RatSWD sieht hier einen besonderen Forschungsbedarf.

Sollen Sekundärnutzungen gewinnbringend möglich sein, so bedarf es nicht allein der Bereitstellung des Datensatzes; zusätzlich ist eine umfangreiche und detaillierte Dokumentation des gesamten Materialbestandes, der Umstände seiner Genese sowie der Art und Weise, wie von dem Material im Einzelnen analytisch Gebrauch gemacht wurde, erforderlich. Dies geht über den bislang zu leistenden Aufwand im Rahmen guter wissenschaftlicher Praxis in der qualitativen Forschung weit hinaus und stellt, da dies nicht von Dritten geleistet werden kann, eine erhebliche zusätzliche Belastung der Primärforschenden dar.

Die Überlassung von Daten aus der qualitativen Forschung berührt eine grundlegende Frage des Urheberrechts an empirischen Daten. Urheberrechte lassen sich generell nicht abtreten. Vielmehr geht es immer um die Übertragung von Nutzungsrechten und die Kompensation des Eigentümers für diese Abtretung. Diese Kompensation erfolgt in der Wissenschaft normalerweise durch Zitation des Eigentümers.[5] Diese Art der Kompensation in Bezug auf Daten ist in den Wissenschaftsdisziplinen noch nicht hinreichend geklärt und weltweit in der Diskussion. Dabei geht es auch um die zentrale Frage, wer die Entscheidung bezüglich der Nutzungsrechte treffen darf (Primärforschende, Mitarbeitende in Forschungsteams, Einbezug von drittmittelgebenden Stellen) und ab wann konkurrierenden Forschenden ein Recht auf Sekundärnutzung zum Zwecke der Prüfung durch Re-Analysen und für eigene Forschungsfragen eingeräumt wird.

Empfehlungen

Der RatSWD befürwortet die Archivierung qualitativer Daten und ihre Bereitstellung für Sekundäranalysen soweit dies ohne nachvollziehbare Gefährdung der primären Forschungsziele möglich ist. In der öffentlich geförderten qualitativen Sozial- und Wirtschaftsforschung soll – wie in der quantitativen Forschung – grundsätzlich eine Kultur der Archivierung und Datenbereitstellung für Sekundäranalysen gefördert werden. In Forschungsanträgen sollen auch Angaben zum mittel- und langfristigen Umgang mit Forschungsdaten gemacht werden (Datenmanagementplan). Einschränkungen, die sich bereits aus Regelungen des Datenschutzes ergeben, bleiben davon unbenommen.

Die Entscheidung, ob und wie Forschungsdaten für Sekundäranalysen genutzt werden können – etwa zur Prüfung publizierter Ergebnisse, Nut-

---

5 Die Vergabe von DOIs ist der etablierte Standard für digitale Objekte (Forschungsdaten, elektronische Fassungen von Artikeln etc.), um sie mit einem persistenten Identifikator zu versehen. Der Standard wird von der *DOI Foundation* getragen. Für unterschiedliche digitale Objekte gibt es unterschiedliche Registrierungsagenturen. Für Forschungsdaten ist das *DataCite* (unter Führung der Technischen Informationsbibliothek) zuständig. GESIS betreibt gemeinsam mit der Deutschen Zentralbibliothek für Wirtschaftswissenschaften die Registrierungsagentur für Sozial- und Wirtschaftsdaten, diese ist wiederum Mitglied im DataCite-Verbund. Die da|ra bietet einen DOI-Registrierungsservice und einen Metadatenverwaltungsdienst an. Datenerhaltende Einrichtungen (FDZs und DSZs) können mit der da|ra ein Service-Level-Agreement abschließen, um Daten zu registrieren (Registrierungsagenten). Alle in Deutschland bekannten und etablierten Infrastruktureinrichtungen für qualitative Daten (Qualiservice, DIPF, DSZ-BO u. a.) registrieren ihre Daten bereits nach dem DOI Standard. Die Empfehlungen von GESIS zum bibliographischen Zitieren von Forschungsdaten finden sich unter www.gesis.org/unser-angebot/daten-analysieren/datenservice/forschungsdaten-zitieren/ (siehe auch www.da-ra.de/).

zung für mehr oder weniger stark von der Primärnutzung abweichende Forschungsfragen – sollte von Primärforschenden, Gutachtenden und Förderinstitution gemeinsam im Prozess der Projektentwicklung und -begutachtung nach Möglichkeit vor Beginn eines Forschungsvorhabens, spätestens aber bei Projektabschluss getroffen werden. Dabei werden typischerweise – wie dies zum Beispiel in den Lebenswissenschaften gängig ist – auch Fristen für die Bereitstellung der Daten definiert, die die berechtigten Interessen der Datenproduzenten an der Verwertung der Forschungsergebnisse für eigene Publikationen wahren. Die Entscheidung über die Eignung der Daten für eine Sekundärnutzung darf keinen Einfluss auf die Genehmigung beantragter Projekte haben.

Bei Drittmittelprojekten soll die Vorlage eines Datenmanagementplans bei der Beantragung obligatorisch gemacht werden; der Plan ist in den Peer-Review-Prozess einzubeziehen. Dieser Plan kann ggf. auch begründet vorsehen, dass erst im Projektverlauf und abhängig von den Erfordernissen des Forschungsprozesses konkret über Details des Datenzugangs entschieden wird. Auf diese Weise wird die Frage, ob aus forschungspraktischen, datenschutzrechtlichen oder ethischen Gründen Sekundäranalysen nicht möglich oder nicht ratsam sind, transparent innerhalb der geeigneten Scientific Community geklärt. Bei Drittmittelanträgen, bei denen eine Sekundärnutzung nicht möglich erscheint oder nicht ratsam ist, sollten die Drittmittelgeber und Gutachter ausdrücklich Anträge für Nachfolgeprojekte zulassen, die mit Hilfe neuer Datenerhebungen die Ergebnisse des Ursprungsprojektes prüfen.

Die Frage nach den Eigentumsrechten an Forschungsdaten bedarf einer grundsätzlichen Klärung. Insbesondere müssen die Scientific Communities sich darüber verständigen und geeignete Regeln implementieren, wie die Sekundärnutzung von Forschungsdaten dem Datenproduzenten oder der Datenproduzentin entgolten werden. Dabei geht es in der Regel nicht um eine monetäre Kompensation, sondern um die angemessene Zitation des Primärdatenproduzenten.

Der RatSWD drückt darüber hinaus die Erwartung aus, dass für alle Forschungsdaten der für sekundäranalytische Nutzungsmöglichkeiten erforderliche Mehraufwand von den Projektträgern (insb. akademischen Drittmittelgebern) angemessen vergütet wird, sodass dadurch weder die Finanzierung der eigentlichen Forschungsaufgaben eingeschränkt wird, noch die Bewilligungsquoten insgesamt abgesenkt werden.

Geschlossene Gesellschaften

Themenpapier zum 38. Kongress der Deutschen Gesellschaft für Soziologie vom 26. bis 30. September 2016 in Bamberg

Millionen Menschen migrieren und flüchten, vertrieben durch Krieg, Armut, Umwelt- oder Klimakatastrophen und politische Repression. Zugleich schließen Europa und weitere Regionen ihre Grenzen, ziehen Zäune, um sich abzuschotten. Aber auch in vermeintlich sozialstrukturell und politisch offenen Gesellschaften gilt, dass Frauen, bildungsschwächere und gesundheitlich beeinträchtigte Gruppen sowie Angehörige minorisierter Gruppen, wie Migrantinnen und Migranten in sicheren oder gehobenen Berufspositionen stark unterrepräsentiert und von den wirtschaftlichen und politischen Eliten in Deutschland ausgeschlossen sind. Daneben bekunden verschlossene Arbeits-, Finanz- und Freizeitwelten, abschottendes Wachpersonal der *gated communities* ökonomische, soziale und kulturelle Abgrenzungen von Oberschichten. Als geschlossen erleben viele Menschen auch das politische »System«, das sie als abgekoppelt von den »realen« Bedürfnissen beschreiben. Zugleich artikulieren sich viel mehr Menschen in Deutschland, Europa und weltweit als noch vor Jahrzehnten in der digitalen Öffentlichkeit, die für beinahe alle gleichermaßen offen erscheinen. Doch auch hier: Überwachung und »security« von Orten, Personen und ihren Daten werden privat und von Seiten des Staates ausgebaut. Einerseits wächst durch einen damit einher gehenden Generalverdacht die Angst vor Offenheit in der Öffentlichkeit, zugleich gehen andererseits Personen immer offener und sorgloser mit ihren Daten um.

Geschlossene Gesellschaften sind nicht lebensfähig. Offene auch nicht. Gesellschaften, Organisationen, Gruppen und Lebensverläufe sind immer von einer Ambivalenz gleichzeitiger Offenheit und Geschlossenheit geprägt. Bei deren Beobachtung geht es um Öffnungs- oder Schließungsprozesse. Und es geht der Soziologie um das Verständnis der Ursachen von Öffnung und Schließung und deren Folgewirkungen. Auch über die Zeit hinweg lassen sich einerseits mediale, ökonomische, politische und kulturelle Dynamiken ausmachen, die bis heute immer neue Räume in allen Bereichen der Gesellschaft öffnen. Anderseits bestehen in eben diesen institutionellen, sozialstrukturellen und organisationalen Bereichen vielfältige Schließungen des Sozialen fort, oder es entstehen in geöffneten Räumen sehr schnell neue Schließungen.

Mit dem Thema »Geschlossene Gesellschaften« richtet der 38. Kongress der DGS daher seine Aufmerksamkeit auf einen Kernbereich der Selbstbeschreibung moderner Gesellschaften: Diese verstehen sich im Sinne der kritischen Aufklärung (Kant), des Marxismus oder der Rationalisierungs-, Differenzierungs- und Modernisierungstheorien (von Weber und Durkheim über Parsons und Luhmann bis Elias und Beck sowie den *multiple modernities* etwa bei Eisenstadt bzw. den *postcolonial perspectives*) als von Menschen selbst gemachte Ordnungen. Das heißt, moderne Gesellschaften verstehen sich als gestaltungsoffen. Und doch werden alltäglich Schließungen vorgenommen, und sie müssen vorgenommen werden. Partielle Geschlossenheit nach Außen kann dazu dienen, Rechte und Pflichten zu institutionalisieren, Erwartungssicherheit zu generieren, Identität zu sichern, Leistungskraft zu entfalten und nicht selten auch innere Offenheit zu bewahren oder auszubauen. Soziale Schließungs- und Öffnungsprozesse vollziehen sich auf allen sozialen Ebenen, auf der Ebene des individuellen und kollektiven Handelns, in Klein- und Großgruppen, in Gesellschaften und Gemeinschaften, in Organisationen und Systemen. In den sozialen Konstruktionen von Sinn und Wert ebenso wie in den Kämpfen um Anerkennung geht es immer auch um das Verhältnis zwischen Offenheit und Geschlossenheit. Dabei sind soziale Schließungen ein wesentlicher Mechanismus, um Zugänge zu sozialen, ökonomischen und kulturellen Lebens- und Teilhabechancen zu steuern und Anerkennungen und Privilegien zu verteilen. Zudem sind Schließungen eine Möglichkeit, Komplexität zu reduzieren. Je komplexer die Verbindungen und Probleme sind, desto komplexer sind häufig auch die Bearbeitungsprozesse und umso geschlossener agieren spezialisierte Expertengruppen. In Gesellschaften, Gemeinschaften und Organisationen etablieren sich Akteure und Akteurinnen über Selektions- und Ausschlussmechanismen. So etwa, wenn es Gruppen gelingt, andere soziale Gruppen über den – offenen oder verdeckten – Verweis auf Herkunft oder die Behauptung fehlenden oder unzureichenden Humankapitals vom Zugang zu den Ressourcen von Arbeitsmärkten, Bildungs- und Sozialsystemen auszuschließen. Soziologische Fragen und empirische Analysen zu Ursachen und Folgen sozialer Schließungen und Öffnungen sind vor diesem Horizont, denken wir nur an Weber, Parkin, Collins oder Bourdieu alles andere als neu, aber sie sind jeweils raumzeitlich spezifisch und derzeit (wieder) besonders virulent.

»Wer will, der kann!« Mit diesem handlungsprogrammatischen Titel beginnt Anfang der 1950er Jahre im Aufbruch zur sozialen Marktwirtschaft ein Abendprogramm des deutschen Fernsehens. Die materiellen Bedingungen dieses normativen Imperativs waren in allen modernen Volkswirtschaften günstig: Für viele Menschen steigerte sich ihre ökonomische Produktivität, erhöhte sich ihre wirtschaftliche und soziale Wohlfahrt, verbreiterten sich die Zugänge zu Bildungs- und Sozialsystemen, vervielfältigte sich der kulturelle Erfahrungsraum, eröffneten sich neue Informationszugänge und vermehrten sich die sozialen Kontakte. Gleichwohl bestanden soziale Schließungen in vielfältiger Form fort, die Individualisierung und gestaltende Teilhabe systematisch verhinderten. Liberalisierungs- und Inklusionsprozesse stoßen, so stellt die Soziologie in empirischer Hinsicht immer wieder fest, oft und schnell auf Ab- und Ausgrenzungsprozesse.

Hierbei kann es sich erstens um manifeste Abgrenzungspolitiken handeln, etwa wenn Professionen versuchen, sich gegen die Konkurrenz anderer Berufsgruppen abzuschotten, wenn der Wohlstand von Gruppen und Gesellschaften gegenüber Außenstehender bewacht und abgesichert wird, oder wenn Versicherungen und Clubs über rigide Mitgliedschaftsregeln ein günstiges Einnahmen-Ausgaben-Verhältnis herstellen und dadurch einen privilegierten Status Weniger absichern. Immer wieder versuchen organisierte Gruppen, Gemeinschaften und Gesellschaften, ihre Vorteile zu maximieren und zu monopolisieren, indem sie den Zugang zu sozialen Rechten oder ökonomischen Begünstigungen und Chancen auf einen geschlossenen Personenkreis begrenzen.

Der häufigere Fall sind allerdings zweitens institutionalisierte, »selbstverständlich« gewordene und dadurch kulturell verborgene Schließungen. Um sie werden deutlich weniger Auseinandersetzungen geführt. So, als könnten sie gar nicht mehr zur Disposition stehen, werden diese Schließungen im Alltag gemeinhin als vorgegebene Bedingungen wahrgenommen. Dies ist der Fall etwa bei Gesundheits-, Alters- oder Geschlechternormen, Definitionen von Staatsbürgerschaft und nationaler Zugehörigkeit, Anwartschaftsbedingungen bei Sozialversicherungen, Arbeitsteilungen oder Berufszuschnitten, in denen zugleich Rechte und Pflichten sowie soziale Abhängigkeitsstrukturen festgelegt werden.

Richten wir den Blick auf die gesellschaftlichen Entwicklungen, dann lässt sich beobachten, wie mit dem Begriff der Globalisierung, der seit den 1980er Jahren die politischen und sozialwissenschaftlichen Diskussionen prägt, die Vorstellung vielfältiger Öffnungs- und Liberalisierungsprozesse sowohl zwischen als auch innerhalb der Nationalstaaten verbunden wurde. Globalisierung wurde und wird – auch – als befreiende Öffnung verstanden, als Überwindung von wachstumsbeschränkenden Regulierungen, planwirtschaftlichen Verfügungen sowie kulturellen Konformitäts- und Normalitätszwängen. Mit der Bildung transnationaler Wirtschafts- und Sozialräume und einer weitgehend von Territorium und Geographie losgelösten, beschleunigten funktionalen Differenzierung der Wirtschafts- und Sozialwelt schienen auch neue Formen eines internationalen Regierens und einer nicht mehr nationalstaatlich fixierten politischen Steuerung Wirklichkeit zu werden. Soziologische Diagnosen der Ausbildung einer »Weltgesellschaft«, die Beobachtung unaufhaltsamer transnationaler Vergesellschaftungs- und Vergemeinschaftungsprozesse und der Vorherrschaft multinationaler Unternehmensformen mit globalen Wertschöpfungsketten schienen auf eine tragfähige sozialstrukturelle Grundlage für neue Ordnungsmodelle auf allen Ebenen des Gesellschaftlichen hinzuweisen. In der Integration Europas fanden diese Entwicklungen als »postnationale Konstellation« mit hohem emanzipatorischem Potential eine auf den ersten Blick stabile institutionelle Form, in der sich das Leitmotiv einer Öffnung zur Differenz materialisierte. Doch erwies sich diese neue Offenheit schnell nur als eine Seite der Medaille, denn gleichzeitig stellten sich Globalisierung bzw. Transnationalisierung als asymmetrisches Diktat dar. Oft wurden Öffnungen und Liberalisierungen als Teil der Politik internationaler Organisationen wie der Weltbank, des IWF und der WTO als Oktroi empfunden. An vielen Orten der Welt kennzeichnet (bisweilen extreme) Knappheit die Lebensbedingungen von Menschen, zugleich – und damit verschränkt – schotten sich ganze Regionen ökonomisch ab, etwa durch Importbeschränkungen. So verhindert Protektionismus (Schließung) Entwicklungen (Offenheit) in diesen Regionen. Solche ungleichen Verflechtungen können soziale Proteste auslösen und zur Mobilisierung einer globalen Demokratisierungsbewegung führen, die das Recht auf die Mitgestaltung ihrer Gesellschaft einfordert. Das Mindeste, was sich mit Blick auf diese Prozesse sagen lässt, ist: Tatsächlich offene und integrierte Gesellschaften benötigen sehr viel mehr an sozialen, politischen und kulturellen Voraussetzungen als das, was bislang für sie mobilisiert und realisiert wurde.

Aus der Perspektive sozialer und institutioneller Strukturen von Lebensverläufen sind vor allem institutionell verankerte Zugangsnormen sowie das Handeln in Organisationen, insbesondere im Bildungs-, Berufs- und Beschäftigungssystem, von Bedeutung für soziale Schließungen. Hier wird auf vielfältige Weise unterschiedliche soziale Herkunft in ungleiche Teilhabechancen, seien es Bildungs-, Berufs- oder Einkommenschancen, überführt. In Organisationen mit ihren Zielen, Programmen und Mitgliedschaftsregeln lassen sich soziale Schließungen gut beobachten: Etwa wenn wir sehen, wie in Organisationen um exklusive Einflussmacht gerungen wird, die auch Korruption etc. einschließt (aktuell etwa in der FIFA). Oder wenn wir den Blick auf umfängliche Spionagetätigkeiten (aktuell der NSA) oder komplexe Abstimmungs- und Entscheidungsprozesse (aktuell etwa das Transatlantischen Freihandelsabkommens TTIP) richten, wo die Öffentlichkeit von Informationen und Mitsprache ausgesperrt werden soll. Auch hier zeigt sich die Ambivalenz von Öffnung und Schließung. So, wenn Organisationen als Hüterinnen von Freiheit versuchen, sich gegen Protestgruppen und Populismus abzuschotten und genau damit offene Gesellschaften dort besonders schwächen, wo sie in der Realität ohnehin schwach sind: beim ständigen Aushandeln des Gemeinwohls auf Basis des guten Arguments.

Im Zusammenwirken von Menschen und Organisationen bilden sich qua Schließung Institutionen heraus. Dabei stabilisieren Sozialisations- und Vergesellschaftungsprozesse und die darin vermittelte Aneignung von gesellschaftlichen und organisatorischen Normen die entsprechenden Strukturen. Zugleich beinhalten Vergesellschaftungsprozesse immer und zwingend auch Öffnungen, etwa als subjektiver, praxeologischer, durchaus auch körperleiblicher Eigensinn oder als gestaltende, aktive Aneignung von Normen. Auch auf der subjektiven, biographischen Ebene lässt sich also die Gleichzeitigkeit von Öffnung und Schließung nachvollziehen. Darüber hinaus bzw. damit verbunden lassen sich umgekehrt auch Öffnungen von institutionalisierten Schließungen beobachten, wenn etwa aus nicht-hegemonialen Praxen juristische und institutionelle Öffnungen werden, wie beispielsweise bei der Gleichstellung gleichgeschlechtlicher Partnerschaften.

Auf allen genannten Ebenen – globalisierte Weltgesellschaft, transnationale Räume, Nationen, Organisationen, Gruppen, Biographie – und sozialen, wirtschaftlichen und kulturellen Bereichen finden Auseinandersetzungen statt, die sich im jeweiligen Kontext nicht nur, aber doch wesentlich um den Grad von Öffnung und Schließung drehen. Die Analyse von Öffnungs- und Schließungsprozessen, ihre Institutionalisierung und De-Institutionalisierung, die Kämpfe um ihre Deutung und Bewertung sowie die Folgen für Leistungsbereitschaft, Innovationsfähigkeit, Enttäuschung oder Protest etc. sind seit jeher soziologische Kernanliegen. Die basalen Fragen nach sozialen Schließungen und ungleichen Verteilungen sind für Entwicklungen von Gesellschaften in die eine oder andere Richtung von hoher Bedeutung und geraten aktuell wieder stärker in den Blick der Sozialwissenschaft. Dies betrifft einerseits das Auseinanderdriften von Wohlstandsniveaus und politischer Beteiligung zwischen Gesellschaften, andererseits aber auch die Spreizung in der Verteilung von Zugängen zu Wohlstand und Mitsprache innerhalb von Gesellschaften. Schließlich hängen soziale Teilhabechancen auch in vermeintlich offenen Gesellschaften noch immer sehr stark von der wirtschaftsstrukturellen, sozialen und ethnischen Herkunft, dem Geschlecht, der sexuellen Orientierung oder körperlichen und psychischen Voraussetzungen ab.

Das Thema des 38. Kongresses der Deutschen Gesellschaft für Soziologie ist im Lichte aktueller gesellschaftlicher Dynamiken und im Bewusstsein um die interne Pluralität des Faches konzipiert. Es gehört zum Selbstverständnis der Soziologie, die Ursachen sozialer Schließungen und ihre Wirkungsmechanismen für gesellschaftliche Entwicklungsprozesse und individuelle Lebensverläufe zu verstehen, Zusammenhänge offenzulegen und Folgewirkungen abzustecken, um Akteuren und Akteurinnen ein reflexives Wissen über Handlungen und Handlungsfolgen für die Entscheidungen, die sie zu treffen haben, bereitzustellen. Angesichts der systemübergreifenden Veränderungsprozesse ist die Soziologie, die ihren Ursprung in der Analysenotwendigkeit zunehmend dynamischer und komplexer werdender Gesellschaften genommen hat, dafür besonders qualifiziert.

Wir freuen uns, wenn Sie die Debatten des Kongresses mit Ihren theoretischen, thematischen und methodischen Perspektiven bereichern. Wir hoffen auf lebhafte Diskussionen der Ergebnisse empirischer Studien und theoretischer Verortungen, nicht zuletzt auch, um Nutzern und Nutzerinnen soziologischen Wissens ein hinreichendes Verständnis von Ursachen und Wirkungen sich öffnender oder sich schließender Gesellschaften und Gemeinschaften geben zu können.

Hinweis zu den Terminen für den 38. Kongress der DGS in Bamberg

Die Übersicht sämtlicher Fristen sowie die Ausschreibungen der Preise und Veranstaltungen werden in Heft 1/2016 der Soziologie veröffentlicht.

Open Access für die SOZIOLOGIE

Ab sofort werden die kompletten Ausgaben unserer Zeitschrift 18 Monate nach Erscheinen der Printausgabe auf der homepage der DGS als pdf zum Download bereitgestellt. Das frei zugängliche digitale Archiv wird in den nächsten Monaten unter www.soziologie.de/de/die-dgs/zeitschrift.html aufgebaut und kontinuierlich aktualisiert. Wir freuen uns, dass der Campus Verlag diesen Service für alle Interessierten ermöglicht.

Die Redaktion

Veränderungen in der Mitgliedschaft

Neue Mitglieder

Dr. Stefanie Affeldt, Norderstedt
Anna Best-Kubik, M.A., Trebur
Dr. Christian Büscher, Karlsruhe
Melissa Graj, Gießen
Saskia Gränitz, M.A., München
Sally Hannappel, M.Sc., Nürnberg
Tine Haubner, M.A., Kassel
Dr. phil. Erik Jentges, Zürich
Dr. Selma Kadi, Tübingen
Dipl. Soz. Christian Meyer, Berlin
Dipl.-Pol. Melanie Müller, Berlin
Dr. Dominik Pfeiffer, Marburg
Hanna Piepenbring, M.A., Kiel
Dr. Eveline Reisenauer, Hildesheim
Dr. Monika Senghaas, Nürnberg
Dr. Damir Softic, Münster
Barbara Solf-Leipold, München
Sezgin Sönmez, Berlin
Dr. rer. soc. Anne Suphan, Stuttgart
Jeannine Teichert, M.A., Berlin
Dr. Victoria van der Land, Frankfurt am Main
Julia von Staden, Stuttgart

Neue studentische Mitglieder

Corinna Betz, Bielefeld
Thomas Enns, Göttingen
Ines Entgelmeier, Bielefeld
Jutta Inauen, Felsberg
Patrick Kaminski, Bremen
Sarah Kaschuba, Potsdam
Daniel Meyer, Neuendettelsau

Paul Samula, Rostock
Timo Seidl, Leinau
Lisa Waschkewitsch, Rostock

Austritte

Anton Abraham, Dresden
Prof. Dr. Gertrud M. Backes, Vechta
Paul C. Bauer, Berlin
Dr. Christoph Biester, Wedermark
Dr. Martin Birke, Dortmund
Prof. Dr. Michael Braun, Mannheim
Manuel Cazacu, Heidelberg
Bahareh Gondani, Frankfurt am Main
Miriam Gothe, Dortmund
Christina Herkommer, Berlin
Dr. Siglinde Hessler, Hamburg
Prof. Dr. Abdulkader Irabi, Bielefeld
Uta Lehmann, Osnabrück
Maximillian Meidinger, Marzling
Prof. Dr. Ulrich Mueller, Marburg
Markus Oswald, Pfarrkirchen
Dr. Werner Petrowsky, Bremen
Prof. em. Dr. Ursula Rabe-Kleberg, Halle an der Saale
Torsten Rehn, Hannover
Prof. Dr. Monika Taddicken, Braunschweig
Dr. Katja Windisch, Basel
Jens Zimmermann, Duisburg

Verstorben

Dr. Roland Habich, Großbeeren
Dr. Jan Kruse, Freiburg

Sektionen Arbeits- und Industriesoziologie und Umweltsoziologie

Workshop »Arbeit und Umwelt. Sozialwissenschaftliche Perspektiven im Dialog« am 27. und 28. März 2015, Institut für Soziologie, Ludwig-Maximilians-Universität München

Die wachsende Bedeutung »grüner Industrien« und die Szenarien einer »Postwachstumsgesellschaft« implizieren einen fundamentalen sozialökologischen Strukturwandel. Dass dabei absehbar auch die Arbeit als gesellschaftliche Basisinstitution unter erheblichem Veränderungsdruck steht, zählt bisher allerdings nicht zu den Kernthemen der Soziologie. Zugespitzt könnte mit Bezug auf die beiden hier maßgeblichen Subdisziplinen gar von einer »arbeitslosen Umweltsoziologie« und einer »naturvergessenen Arbeitssoziologie« gesprochen werden. Vor diesem Hintergrund wurden auf dem Workshop, der mit Unterstützung der Hans-Böckler-Stiftung stattfand, die bisherige soziologische Beschäftigung mit dem Verhältnis von Arbeit und Umwelt rekapituliert und die Schnittmengen von Arbeits-/Industriesoziologie und Umweltsoziologie für zukünftige Forschungen ausgelotet.

Der erste thematische Block war dem Rück- und Ausblick auf eine »Arbeits- und Umweltsoziologie« gewidmet. *Günter Warsewa* (Bremen) und *Sebastian Brandl* (Schwerin) zeigten in ihren Beiträgen, dass die Suche nach Schnittmengen zwischen Arbeit und Umwelt durchaus eine Geschichte hat. Warsewa zeichnete die zwar kontinuierliche jedoch v.a. in Form von Einzelstudien vollzogene soziologische Beschäftigung mit Arbeit und Umwelt seit den 1980er Jahren nach. Seit Mitte der 1990er Jahre hätten die beiden Subdisziplinen eine bis heute nachwirkende Absetzbewegung voneinander vollzogen, um je eigene Forschungsprogramme zu verfolgen. Brandl hob in der Retrospektive des transdisziplinären Verbundprojekts »Arbeit und Ökologie« (1997ff.) hervor, dass hier u.a. darauf abgezielt wurde, ein Konzept sozialer Nachhaltigkeit zu entwickeln, an dessen Ausgangspunkt ein erweitertes Verständnis von Arbeit stand, das sowohl ihre (natur-)destruktiven als auch produktiven Aspekte betonte. Zudem unterstrich er die faktische Kontinuität der »Bruchlinien« zwischen Arbeit und Umwelt, die sich immer wieder im Gegensatz von Arbeitsplatz- und Umweltschutzinteressen zeige.

Das Konzept sozialer Nachhaltigkeit stand auch im Zentrum des Beitrags von *Hellmuth Lange* (Bremen). Nachhaltigkeit könne als »Fortführung der sozialen Frage unter den umwelt- und ressourcenspezifischen Bedingungen und Herausforderungen des 21. Jahrhunderts« verstanden werden. Zwar sei sozialen Konflikten schon seit jeher eine ökologische Ebene inhärent, eine weitere Verschränkung umwelt- sowie arbeits-/industriesoziologischer Fragen sollte nun darin bestehen, diesen oftmals ausgeblendeten Aspekten systematisch und unter aktuell verschärften gesellschaftlichen Randbedingungen nachzugehen. *Hans Pongratz* (München) plädierte in seinem Beitrag für eine Weiterentwicklung der theoretischen Grundlagen von Arbeit und Natur, um die überwiegend einseitigen Perspektiven auf entweder Arbeit oder Natur zu überwinden. So könne beispielsweise die Arbeit, mit Rekurs auf den Marxschen Arbeitsbegriff, als Stoffwechsel mit der Natur, d.h. als im inneren (Körperlichkeit) wie äußeren (Umwelt) Bezug »originäre Naturerfahrung«, verstanden werden. Im letzten Beitrag dieses Blocks diskutierte *Beate Littig* (Wien) geschlechterspezifische Aspekte der *Green Economy* und *Green Jobs*-Debatten. Weder sei bisher die Qualität der Beschäftigung noch die Genderproblematik ausreichend thematisiert worden: Das präsente Bild guter ›grüner‹ Arbeitsplätze für Höherqualifizierte treffe am ehesten in den von Männern dominierten technischen Sektoren zu, während ein Großteil der Green Jobs auf die mehrheitlich von Frauen übernommenen Tätigkeiten in oftmals prekären Beschäftigungsformen entfalle – z.b. in Handel und Landwirtschaft.

Im zweiten Themenblock standen die Spannungslinien und Konflikte der globalen sozial-ökologischen Veränderungsprozesse im Vordergrund. *Imme Scholz* (Bonn) betrachtete die aus der steigenden Bedeutung der Schwellen- und Entwicklungsländer in der Weltwirtschaft resultierenden globalen politisch-ökonomischen Machtverschiebungen. Neben der Frage, wie Umwelt- und Sozialstandards in globalen Wertschöpfungsketten zu verankern wären, stelle der Zusammenhang zwischen den jeweiligen Integrationsformen in die globale Ökonomie, den dominierenden Entwicklungsmodellen und Positionierungen in der internationalen Umweltpolitik ein aktuelles Untersuchungsfeld dar. *Nora Räthzel* (Umeå) betrachtete die durchaus konflikthaften Nord-Süd-Beziehungen zwischen Gewerkschaften, die neben der strukturellen Überlegenheit der nördlichen Organisationen in Fragen des Klimaschutzes auch von politischen Differenzen gekennzeichnet seien. Die korporatistisch eingebundenen Gewerkschaften des Nordens stünden als wesentlicher Teil wachstumsorientierter Entwicklungsmodelle oftmals im Konflikt mit eher bewegungsnahen südlichen Gewerkschaften. *Georg Jochum* (München) verfolgte in seinem Beitrag das Ziel, eine dekoloniale Perspektive auf die Arbeits- und Umweltsoziologie zu übertragen. Von der Annahme eines engen historisch-logischen Zusammenhangs zwischen der Kolonisierung der beiden Amerikas und der Kolonisierung der Natur ausgehend würde eine dekolonial erweiterte Arbeitssoziologie ein weites Arbeitsverständnis ins Zentrum stellen, das auch außereuropäische Arbeits- und Naturverständnisse stärker berücksichtigen könnte.

Im letzten Themenblock des Workshops standen die Akteure der gegenwärtigen sozial-ökologischen Wandlungsprozesse im Fokus. *Antje Blöcker* (Gelsenkirchen) berichtete von aktuellen ›grünen‹ Umbauprozessen, die in Industriebetrieben primär als Teil einer neuen Wachstumsstrategie angekommen seien. Sie hätten damit nur wenig mit den älteren Konversionsdebatten gemein und wären stark vom Management getrieben. Beschäftigte in den Betrieben teilten zudem zwar wachstums- und kapitalismuskritische Argumentationen, thematisierten aber nach dem Modus »guter Betrieb, schlechte Gesellschaft« die gesellschaftspolitische Verantwortung des eigenen Betriebs und damit der eigenen Handlungsfähigkeit im Betrieb kaum. Der Umgang der Beschäftigten mit den im Rahmen von ›grünen Umbauprozessen‹ entstehenden neuen Anforderungen in produzierenden Betrieben sollte auch im Beitrag von *David Kühner* (Hohenheim) im Mittelpunkt stehen. Der leider aufgrund von Krankheit entfallene Vortrag hatte sich zum Ziel gesetzt, dem möglichen Entstehen eines Typus von »grünen Arbeitskraftunternehmer*innen« nachzugehen. *Rüdiger Mautz* (Göttingen) diskutierte die Rolle und den Wandel von zivilgesellschaftlichen Akteuren im Energiebereich (z.B. Energiegenossenschaften) aus einer betriebs- und arbeitssoziologischen Perspektive. Damit kämen u.a. Tendenzen der Selbstausbeutung und Überlastung in diesen Tätigkeitsfeldern ebenso in den Blick wie die Widersprüche weiterer Professionalisierung, um der Selbstausbeutung Schranken zu setzen. Denn eine unerwünschte Folgewirkung von Professionalisierung könnte die Marginalisierung der ehrenamtlichen Arbeit sein. Weiterhin sei fraglich, ob die Energieinitiativen angesichts jüngerer Veränderungen der Rechtslage ihre Rolle als Triebkräfte der Energiewende aufrechterhalten könnten.

In der Abschlussdiskussion wurden Ansatzpunkte für eine zukünftig zu intensivierende Diskussion und Forschungspraxis der Arbeits- und Umweltsoziologie benannt: Neben der konzentrierten Theorie- und Begriffsarbeit, d.h. der konzeptionellen Verknüpfung von Arbeit und Natur, wurde dafür plädiert, sich empirisch der Fülle an aktuellen Veränderungen zu widmen. Insgesamt könnten im Zusammenspiel mit anderen Akteuren und

(Sub)Disziplinen wichtige soziologische Beiträge für eine noch weitgehend ausstehende zusammenhängende Betrachtung von Arbeit und Umwelt bzw. Natur geleistet werden, wenn die sozial-ökologischen Bedingungen historisch-spezifischer Lebensformen und (Re)Produktionsweisen in globaler Hinsicht theoretisch und empirisch erfasst würden.

Thomas Barth

Sektion Entwicklungssoziologie und Sozialanthropologie

ESSA-Tagung »Mittelschichten/Mittelklassen im globalen Süden« an der Humboldt Universität Berlin

Vom 18. bis 20. Juni 2015 fand am Institut für Afrika- und Asienwissenschaften der HU Berlin die von Sergio Costa, Boike Rehbein und Florian Stoll organisierte Tagung statt.

Seit der Jahrtausendwende haben sich nach der Analyse von Entwicklungsinstitutionen und AkademikerInnen zusammen mit dem Wirtschaftswachstum von sogenannten Schwellen- und Entwicklungsländern neue »Mittelschichten/Mittelklassen« herausgebildet. Diese Mittelschichten werden im aktuellen Diskurs als Beispiel für den Aufstieg des globalen Südens und die Veränderungen im Verhältnis von Zentrum und Peripherie diskutiert. Zentrale Fragen der Tagung vor diesem Hintergrund waren, wer diese neuen Mittelschichten sind, wie ihr Lebensalltag aussieht, welche Gesellschaftsentwürfe sie verfolgen sowie ob und welche Unterschiede es in den einzelnen Weltregionen gibt. Damit verbunden wurden Konzepte und theoretische Rahmungen diskutiert.

Nach der Begrüßung durch die ESSA-Vorsitzende Petra Dannecker eröffnete *Göran Therborn* (Cambridge) die Tagung mit einer Key Note zum Thema »A coming middle class century«. Therborn vertritt die These, dass im globalen Kapitalismus des 21. Jahrhunderts Mittelschichten außerhalb Europas und Nordamerikas eine immer größere Bedeutung bekommen und sie zu einer entscheidenden Kraft zukünftiger sozialer und politischer Entwicklungen werden.

Den 19. Juni eröffnete *Johanna Vogel* (Bayreuth) mit einem Vortrag zum Verhältnis von Frauen aus der Mittelschicht im indischen Chennai zu ihren weiblichen Hausangestellten. Dabei zeigt sie die komplexen Machtverhältnisse zwischen den sogenannten »Madames« und den »Maids«. Vogels Ergebnisse veranschaulichten, dass auch »Maids« machtvolle Akteurinnen sein können, vor allem wenn der Verlust einer »Maid« die Mittelschicht-Identität der »Madame« beschädigen könnte. *Stefanie Struliks* (Genf) Vortrag beschäftigte sich mit der muslimischen Mittelschicht in Lucknow, Indien. Dabei war zentral, was diese Mittelschicht auszeichnet und welche Identitätskonstruktionen – gerade in Abgrenzung zu den konfessionell ›Anderen‹ – dominieren.

Michael Daxner und *Silvia Nicola* (Berlin) untersuchten die seit der Militärintervention 2001 bis 2005 entstandene neue Mittelschicht in Kabul. Diese am freien Markt tätige Gruppe von jungen AfghanInnen besitzt starke Aufstiegsaspirationen, die sie jedoch nur schwer gegen die Netzwerke der etablierten Mittel- und Oberschichten durchsetzen können. Auch *Taoufik Rached* (Marburg) analysierte sozialstrukturelle Merkmale der Mittelschichten – in seinem Fall in Marokko – und diskutierte ihre mögliche Rolle in Demokratisierungsprozessen. *Gregor Seidl* (Wien) behandelte »Die ›Neuen Mittelklassen‹ in Ecuador« und ihre politische Bedeutung vor dem Hintergrund der Ansätze von Nicos Poulantzas und Stuart Hall.

Anschließend beschrieb *Adele Bianco* (Chieti-Pescara) konzeptionell den Zusammenhang zwischen dem Entstehen der globalen Mittelschicht und einer Verbesserung ihrer Lebensqualität. *Jairo Baquero Melo* (Bogotá) entwickelte einen konzeptionellen Rahmen für die Analyse ländlicher Mittelschichten unter Berücksichtigung verwobener Formen von Ungleichheit. Exemplarisch rekonstruierte er anhand der Verteilung von Landbesitz die Situation ländlicher Mittelschichten in Kolumbien.

Andrea Noll (Mainz) und *Jan Budniok* (Hamburg) beschrieben die historische Entwicklung der Mittelschicht im kolonialen Ghana seit Ende des 19. Jahrhunderts. Auf der Grundlage von einzelnen Familiengeschichten zeichneten sie ein sehr differenziertes historisches Bild der ghanaischen Mittelschichten von den 1950er bis zu den 1980er Jahren. *Heiko Schrader* (Magdeburg) verglich Mittelklassehaushalte im rohstoffreichen Rentierstaat Kasachstan und im rohstoffarmen Kirgisistan. Für beide Länder beschrieb er die Situation ländlicher und städtischer Haushalte der unteren, mittleren und oberen Mittelklasse.

Anja Weiß und *Ariana Kellmer* (beide Duisburg-Essen) diskutierten im ersten Vortrag am 20. Juni, welche Bedeutung Migrationsentscheidungen in den globalen Norden für die soziale Position von Mitgliedern der Mittelschichten des globalen Südens besitzen. Die ergänzende Berücksichtigung von Migrationsoptionen ermögliche ein exakteres Bild sozialer Lagen, da Migration für soziale Positionen im globalen Süden höchst relevant sein kann. *Christine Tschöll* (Bozen) ging auf »Sozial- und Strukturwandel in ländlichen Gebieten Südtirols« ein, wo die Krisen der globalen Ökonomie auch FacharbeiterInnen und zuvor gesicherte Angestellte in der Mittelschicht erreichen.

Der letzte Block bestand aus vier Kurzvorträgen zu Mittelschichten in verschiedenen Kontexten: *Boike Rehbein* (Berlin) sprach über Mittelklassen in Asien und schlug vor, sich reproduzierende Klassen anhand von Distinktionsformen und spezifischen kulturellen Merkmalen zu rekonstruieren. In allen asiatischen Gesellschaften – aber auch in anderen Ländern – finden sich aus historischen Ständen hervorgegangene etablierte und kämpfende Mittelklassen. *Sérgio Costa* (Berlin) ging auf den gegenwärtigen Disput um die Mittelklasse in Lateinamerika ein, wo sich im Lauf der 2000er Jahre Machtverhältnisse und symbolische Relationen zwischen der etablierten und der »neuen« Mittelklasse verschoben haben, die im Alltag zu Distinktionskonflikten führen. Trotz realer Verbesserungen kritisierte Costa das Selbstlob der Weltbank und anderer Institutionen für ihre *Pro Poor Policies*, da Verbesserungen weniger auf Umverteilung, sondern v.a. auf einen dynamischen Arbeitsmarkt und Armut reduzierende Sozialprogramme zurückzuführen seien. *Dieter Neubert* (Kassel) ging in seinem Vortrag zu Afrika vom Begriff der »Mittelschicht« aus. Die in vielen Ländern Afrikas gewachsene Mittelschicht zeichnet sich durch ein mittleres Einkommensniveau aus, kann aber kaum als Klasse im Sinn einer spezifischen sozioökonomischen Einheit (Verfügung über Produktionsmittel, sozio-professionelle Position) bestimmt werden. Zugleich zeigen sich soziokulturelle Differenzierungen innerhalb der Mittelschicht, die er mithilfe des Milieukonzepts für Kenia skizzierte. *Florian Stoll* (Bayreuth) verglich im Anschluss die soziokulturelle Ausdifferenzierung von Mittelschichten in Brasilien und Kenia. In Brasilien lassen sich Milieus wegen der historisch reproduzierten ungleichen Sozialstruktur weitgehend entlang sozioökonomischer Schichtgrenzen bestimmen, weshalb z.B. die Nachkommen afrobrasilianischer SklavInnen vor allem in den unteren Einkommensstrata festhängen. In Kenia sind dagegen Formen soziokultureller Differenzierung wie Stadt-Land-Bezüge, Ethnizität, Religiosität oder die Bedeutung der Großfamilie häufig wichtiger für die Analyse von Milieus als die sozioökonomische Position, was eine andere Konzeptualisierung als in Brasilien erfordert.

Die Diskussionen der Tagung, aber auch die Vielfalt der untersuchten Kontexte und theoretischen Ansätze zeigten, dass Mittelschichten/Mittelklassen im globalen Süden ein wichtiger, aber erst wenig behandelter Gegenstand sind. Dadurch bietet das Thema Anknüpfungspunkte für die konzeptionelle Weiterentwicklung sozialwissenschaftlicher Forschung jenseits eurozentrischer Verengungen und kann so auch Impulse für Forschung im globalen Norden liefern.

Florian Stoll

Sektion Politische Soziologie

Frühjahrestagung »Politische Soziologie transnationaler Felder« am 23. und 24. April 2015 in Potsdam

Die zweitägige Tagung der Sektion Politische Soziologie wurde von Christian Schmidt-Wellenburg und Stefan Bernhard organisiert und befasste sich mit dem Themenfeld der Transnationalisierung.

Auftakt der Tagung war der Vortrag von *Sigrid Quack* (Duisburg-Essen) zur »Vergleichenden Prozessanalyse transnationaler Governancefelder«, in dem Quack ihre methodologische Position skizzierte und abgrenzte. Transnationales Regieren ist für sie der Effekt von Governancefeldern mit organisationalen, kulturellen und inhaltlichen Eigenheiten, die es zu untersuchen gilt. Quack betont die Wichtigkeit des inhaltlichen Problembezugs für die Konstitution von Governancefeldern und rückt die Bedeutung von Kooperation und geteilten Konventionen in den Blick.

In einem ersten thematischen Block zur *Staatlichkeit* stellten *Andreas Schmitz* und *Daniel Witte* (Bonn) die Ergebnisse einer empirischen Studie zur »Transnationalisierung und Rekonfiguration von Staatlichkeit« vor. Sie begreifen Staaten als Felder der Macht, die den momentanen Stand der Auseinandersetzungen zwischen Machtfeldern abbilden. Staaten lassen sich so als Verhältnis zwischen Feldern modellieren, und es kann ein globales Feld der Macht als Verhältnis von Feld-Verhältnissen konstruiert werden, in dem sich verschiedene Staaten verorten lassen und ihre Eigenschaften relational zueinander bestimmbar werden. *Christian Schmidt-Wellenburg* (Potsdam) hingegen widmete sich in seinem Beitrag »Professionen, Europäisierung und die Konstruktion europäischer Staatlichkeit« dem Entstehen transnationaler Ordnungen in Europa am Beispiel der Europäisierung der Finanzmarktaufsicht. Prozesse der Europäisierung sind das Ergebnis von Auseinandersetzungen in unterschiedlichen sozialen Feldern, in denen um den jeweils feldspezifischen Einsatz und zugleich um das Verhältnis der Felder zueinander gekämpft wird. In jedem Europäisierungsprozess wird nicht nur um eine konkrete Problemlösung, sondern zugleich um die Form der Staatlichkeit, d.h. in den meisten Fällen um die Bedeutung des Nationalstaats und seinen Wandel gerungen.

Der zweite Themenbereich vereinte Arbeiten, die sich der Analyse *transnationaler politischer Felder* widmen. *Frank Borchers* (Siegen) stellte in seinem Vortrag »EU-Lobbying als Beispiel für die Emergenz eines transnationalen politischen Feldes« ein zusammen mit Christian Lahusen bearbeitetes Projekt vor. Sie beobachten die Emergenz europäischer Handlungskontexte des Lobbyings mit Blick auf ihre Strukturierung und Regulierung durch geteilte berufliche Wissensbestände, Laufbahnen und Selbstverständnisse. Ihr Interesse gilt den zentralen Professionalisierungsprojekten auf europäischer Ebene, ihren Promotern und den Kontextfaktoren, die eine solche Entwicklung begünstigen. *Christian Laux* (Bremen) zeigte in seinem Vortrag »Der Fall TTIP: Zur Logik transnationaler Willensbildung und Entscheidungsfindung«, dass Freihandelsabkommen Teil einer politökonomischen Expansionsspirale sind und zugleich als geopolitische Friedensprojekte, kapitalistische Landnahmen und Momente ökologischer Bedrohung auftreten. Im europäischen politischen Feld wird TTIP von Befürwortern und Gegnern zur Synchronisierung unterschiedlicher Feldkontexte und zur Etablierung einer europäischen Vergemeinschaftung in Abgrenzung zu den USA genutzt.

Den ersten Tagungstag beschlossen zwei Vorträge zum Themenbereich *Professionen und Expertentum*. *Sebastian Büttner* (Erlangen-Nürnberg) skizzierte in »Think Tanks – Zur Genese und transnationalen Verbreitung einer Form der politischen Wissensbildung«, wie sich diese heute in nationalen und transnationalen politischen Feldern wichtigen Akteure aus unterschiedlichen relationalen Perspektiven analysieren lassen. Think Tanks agieren im Überschneidungsraum von politisch-bürokratischen, ökonomischen, medialen und wissenschaftlichen Feldern und ihre Genese ist historisch eng mit der Emergenz transnationaler politischer Felder verknüpft, weshalb Büttner für eine Felder und nationale Kontexte übergreifende Analyse plädiert. *Jens Maeße* (Warwick) stellte in seinem Vortrag »Die trans-epistemischen Felder der Globalisierung« sein Forschungsprogramm einer umfassenden diskursiven politischen Ökonomie ökonomischen Expertentums vor. Aus dem Blickwinkel dieses Forschungsprogramms entsteht Wirtschaftsexpertise nicht in nur einem Feld, sondern in einem trans-epistemischen Feld, welches das akademische, politische, mediale und wirtschaftliche Feld überwölbt. Die Transnationalisierung und Globalisierung ehemals nationalstaatlich eingebetteter Felder, Diskursordnungen und sozialer Netzwerke ist dann aus den Dynamiken des trans-epistemischen Feldes und seiner Logik heraus zu erklären.

Der zweite Tagungstag eröffnete mit dem Themenfeld *Wissenschaftspolitik* und dem Vortrag »Das ›europäische Projekt‹ als Ordnungsanspruch im Feld der Macht am Beispiel des European Research Councils (ERC)«, in dem *Vincent Gengnagel* (Bamberg) Ergebnisse seiner Analyse der Genese des ERC vorstellte. Gengnagel weist nach, dass das europäische akademische Feld mit dem ERC weitere Autonomie gegenüber einerseits seinen nationalen Pendants und andererseits dem europäischen bürokratischen Feld gewonnen hat. Dieser Wandel gelingt durch das Einflechten des Exzellenzdiskurses und des Elitismusdispositivs in die symbolischen Auseinandersetzungen. Im Anschluss stellte *Barbara Hönig* (Innsbruck, jetzt Luxemburg) die Ergebnisse ihrer Studie zum »Status-Wettbewerb durch Forschungsförderung: Dynamiken wissenschaftlicher Disziplinen im transnationalen Feld Europas« vor. Sie zeigt, dass die relative Kapazität der Geistes- und Sozialwissenschaften bei Weitem nicht durch eine entsprechende Forschungsvergabe des ERC abgedeckt oder reflektiert wird.

Im anschließenden Themenblock *Mobilität* verhandelte *Stefan Bernhard* in einer mit *Sarah Bernhard* erarbeiteten Studie (beide Nürnberg) zum Thema »Nicht-Diskriminierung für mobile Europäer? Befunde vom deutschen Arbeitsmarkt«, ob und welche Effekte die fortschreitende europäische Integration auf die Benachteiligung europäischer Ausländerinnen und Ausländer auf dem deutschen Arbeitsmarkt hat. Sie zeigen, dass der Beitritt zur EU einen positiven Effekt auf Arbeitnehmende aus den Beitrittsländern hat. Arbeitsmobilität innerhalb der Europäischen Union stand auch im Mittelpunkt des Vortrags »Entstehung eines deutsch-spanischen Mobilitätsfeldes« von *Christiane Heimann* und *Oliver Wieczorek* (beide Bamberg), in dem sie Ergebnisse ihres qualitativen Forschungsprojekts vorstellten. Ausgehend von einer ersten Analyse umfangreicher Feldbeobachtungen und Interviews rekonstruieren sie die Logiken, Vorstellungen, Dispositionen und Kanäle, die diese anschwellende innereuropäische Migrationsbewegung strukturieren.

Den Abschluss der Tagung bildeten zwei Vorträge im Themenfeld *transnationale soziale Bewegungen*. *Bettina Mahlert* (Aachen) zeigte in ihrem Vortrag »Transformationsdynamiken und Formen der Legitimation im weltpolitischen Feld« das äußerst komplexe Verhältnis Bourdieus zu modernen Wertideen auf. Mahlert plädierte mit Pierre Bourdieu für eine politische Soziologie als Realpolitik der Vernunft und verdeutlichte anhand sozialer Bewegungen, wie universalistisch-egalitäre Wertbestände gegen Ungleichheiten ins Feld geführt und zur Transformation bestehender Ordnungen mobilisiert werden können. *Alex Veit* (Bremen) zeigte in seinem Vortrag »Anti-Austeritätsproteste und internationale Staatsschuldenpolitik: Eine Doppelbewegung in zwei Feldern?« anhand von Fallstudien zu Staatsschuldenkrisen lateinamerikanischer Staaten in den 1980er Jahren, welchen Einfluss soziale Proteste auf die durch internationale Gläubiger verordnete Sparpolitik haben.

Christian Schmidt-Wellenburg, Stefan Bernhard

Sektion Professionssoziologie

Tagung »Professionen, Professionalität, Professionalisierung – zur Aktualität und theoretischen Substanz der professionssoziologischen Debatte«

Am 25. und 26. Juni 2015 fand am Institut für Sozialforschung in Frankfurt am Main die außerordentliche Tagung der Sektion Professionssoziologie statt. Dass die professionssoziologische Diskussion fruchtbare Zugänge zur Analyse sozialer Phänomene eröffnet, zeigt die Bandbreite der Forschung, die mit Begriffen von Profession, Professionalität und Professionalisierung operiert. Die genuin professionssoziologischen bzw. gesellschaftstheoretischen Implikationen des Begriffs bleiben indes oft im Dunkeln. Die Tagung stellte daher die Frage, welche theoretischen Konzepte die professionssoziologische Forschung gegenwärtig tragen und inwieweit der Professionsbegriff noch, weiterhin oder wieder gesellschaftstheoretisch gehaltvoll ist. Der Einladung zur Diskussion von Christiane Schnell und Gina Atzeni folgten Wissenschaftlerinnen aus den verschiedenen theoretischen Perspektiven der deutschen Professionssoziologie.

Den Auftakt machte *Michaela Pfadenhauer* (Wien) mit Einlassungen zur »Krise des Professionalismus«. Sie problematisierte, dass der Anspruch der etablierten Professionen auf kognitive wie normative Überlegenheit im Kontext gesamtgesellschaftlicher Entwicklungen, die mit den Begriffen Individualisierung und Pluralisierung beschrieben werden, Erosionserscheinungen zeitigt, welche den Professionalismus nicht nur ›von außen‹, sondern auch ›von innen‹ auszuhöhlen scheinen.

Claudia Scheid (Bern) ging auf notwendige theoretische Weiterentwicklungen ein. Unter dem Titel: »Theoretische Erträge und empirische Probleme in der Verwendung des revidierten und trennscharfen Professionsbegriffs« führte sie empirische Beispiele an, die verdeutlichen, dass der Anspruch, die Logik des Lehrerberufes rekonstruktionstheoretisch präzise aufzuschließen, an Grenzen stößt. Auch *Ursula Streckeisen* (Bern) argumentierte für die Weiterentwicklung des strukturtheoretischen Ansatzes. Mit dem Blick auf die Pflegeberufe diskutierte sie »Professionen zwischen Gebrauchswert und Tauschwert«.

Werner Vogd (Witten Herdecke) fragte mit Rekurs auf Gotthard Günthers reflexionslogisches Instrumentarium, wie sich unterschiedliche professionssoziologische Theoriestränge verzahnen lassen. Ein zentrales Argument seines Vortrages »Professionen in der Moderne und der nächsten Gesellschaft – Kontinuität in der Diskontinuität?« war, dass Professionen in der Tat Ausdruck des spezifischen gesellschaftlichen Arrangements der Moderne seien. Das ursprüngliche Bezugsproblem komme jedoch trotz der konstatierten Veränderungen auch zukünftig nicht zum Verschwinden. *Gina Atzeni* (München) analysierte die »Genese und Bedeutung der Sozialfigur Arzt«. Sie führte ärztliche Professionalität dabei nicht als Personen- oder Berufsgruppenmerkmal an, sondern als sozialen Mechanismus im Verhältnis zwischen Medizin und Gesellschaft. Der zum Abschluss des ersten Tagungstages vorgesehen Vortrag von *Bernd Dewe* (Magdeburg) »Theoretische und methodologische Aspekte des Konzeptes »Reflexive Professionalität vor dem Hintergrund der aktuellen professionssoziologischen Diskussion« entfiel bedauerlicherweise.

Am zweiten Tag eröffnete *Ulrich Oevermann* (Frankfurt am Main) die Diskussion mit seinem Vortrag »Über die Einbindung der revidierten Professionalisierungstheorie in die Theorie der Gesellschaft«. Auch gegenwärtige Prozesse der Ausdifferenzierung und Deprofessionalisierung, so seine Argumentation, lassen sich erst durch die Unterscheidung zwischen faktischer Professionalisiertheit und Professionalisierungsbedürftigkeit von Tätigkeiten unter dem Gesichtspunkt der Funktion der stellvertretenden Krisenbewältigung angemessen beurteilen.

Roland Becker Lenz (Olten) plädierte für eine »Verbindung der Institutionalisierungen von Professionalität und der Strukturlogik professionellen Handelns«. Mit Blick auf das Feld der sozialen Arbeit legte er die forschungspraktischen Implikationen und interdisziplinären Berührungspunkte einer verbindenden Perspektive dar, die Deprofessionalisierungsphänomene erst in ihrer vollen Tragweite verdeutliche.

Unter dem Titel »Moralische Gemeinschaften? Zum Verhältnis von Professionalisierung und Vermarktlichung« diskutierte *Christiane Schnell* (Frankfurt am Main) das analytische Potential der Professionssoziologie über die klassischen Professionen hinaus. Anhand empirischer Beispiele zeigte sie, inwiefern sich identitätsstiftende Berufskulturen in Feldern wie Journalismus, Finanzdienstleistungen oder Pharmaindustrie mit und gegen gesellschaftliche Prozesse der Ökonomisierung entwickeln.

Zum Schluß schlug *Harald Mieg* (Berlin) in seinem Vortrag »Von Profession und Professionalisierung hin zu Professionalität und wieder zurück zu einer Formalisierungs-Theorie?« vor, sich auf die Formalisierung als notwendige Bedingung von Profession wie Professionalität zurück zu besinnen. Letztere seien ohne Bezug auf formal verstandenes Wissen heute kaum denkbar.

Über zwei Tage und neun Vorträge entspann sich eine hoch interessante und intensive Diskussion, die sowohl das Interesse als auch den Bedarf an einer paradigmenübergreifenden theoretischen Auseinandersetzung deutlich machte. In der Spannung zwischen strukturellen Veränderungen und fortbestehendem Problembezug hat die Professionssoziologie sich neuer Themen angenommen und theoretische Weiterentwicklungen angestoßen. Mit rund 45 TeilnehmerInnen waren die Raumkapazitäten des Instituts für Sozialforschung ausgelastet. Eine Fortsetzung der Debatte in größerem Maßstab wird bereits geplant. Beiträge aus der Debatte werden in einen Sonderband der Zeitschrift »Professions and Professionalism« publiziert und in das derzeit im Prozess befindliche und bei Springer erscheinende Handbuch Professionssoziologie, herausgegeben von Michaela Pfadenhauer und Christiane Schnell, eingehen.

Christiane Schnell

Sektionen Soziale Ungleichheit und Sozialstrukturanalyse, Medizin- und Gesundheitssoziologie sowie Soziologische Netzwerkforschung

Tagung »Lebenslauf, soziale Netzwerke und gesundheitliche Ungleichheit« am 28. und 29. Mai 2015 an der Universität Rostock

Die Tagung »Lebenslauf, soziale Netzwerke und gesundheitliche Ungleichheit« wurde für die drei Sektionen Soziale Ungleichheit und Sozialstrukturanalyse Medizin- und Gesundheitssoziologie sowie Soziologische Netzwerkforschung von Andreas Klärner, Rasmus Hoffmann, Peter A. Berger und Monika Jungbauer-Gans, und für die AG Medizinsoziologische Theorien der Deutschen Gesellschaft für Medizinische Soziologie (DGMS) von Stefanie Sperlich und Kerstin Hofreuter-Gätgens organisiert. Mit unterschiedlichen Perspektiven und Beispielstudien beschäftigten sich die TeilnehmerInnen mit gesundheitlicher Ungleichheit im Lebenslauf und in Verbindung mit sozialen Netzwerken.

Siegfried Geyer (Hannover) stellte in seinem Eröffnungsvortrag »Soziale Einflüsse auf Gesundheit und Krankheit- Wie gehen sie unter die Haut?« die Bedeutung einer interdisziplinären Perspektive heraus, um den komplexen Wechselwirkungen von körperlichen, kognitiven, emotionalen und sozialen Prozessen in der Krankheitsgenese Rechnung zu tragen. Anhand von empirischen Befunden für unterschiedliche Phasen des Lebensverlaufs wurden die heterogenen Zusammenhänge zwischen sozialen Faktoren und Gesundheitsrisiken dargestellt und Perspektiven einer lebenslaufsensiblen medizinsoziologischen Forschung skizziert.

In der anschließenden ersten Session »Ungleichheit, Erwerbsarbeit und Gesundheit« diskutierte *Rasmus Hoffmann* (Florenz) in seinem Vortrag wesentliche Aspekte für die Auswahl eines geeigneten Konzeptes zur Operationalisierung des sozioökonomischen Status für die Analyse gesundheitlicher Ungleichheit. *Wolfgang Voges* (Bremen) untersuchte anhand von Routinedaten der ehemaligen Gmünder Ersatzkasse (GEK), ob Arbeitslosigkeit krank macht oder ob kranken Arbeitslosen eher der Weg zurück in die Erwerbstätigkeit versperrt ist. *Ann-Christin Renneberg* (Hamburg) thematisierte in ihrem Vortrag die Ursachen gesundheitlicher Ungleichheit bei Müttern unter besonderer Berücksichtigung von Alleinerziehenden und beleuchtete dabei die Rolle von Erwerbsarbeit und institutionellen Rahmenbedingungen in Europa. Mit den Daten des Sozioökonomischen Panels

(SOEP) gingen *Anne Busch-Heizmann* und *Elke Holst* (Hamburg) der Frage nach, inwieweit Frauen in hochqualifizierten (Führungs-)Positionen in besonderem Maße von Arbeitsbelastungen und sozialer Ausgrenzung am Arbeitsplatz betroffen sind.

Die Postersession »Neue Perspektiven: Theorie und Empirie gesundheitlicher Ungleichheit« startete mit zwei (Kurz-)Vorträgen, die sich mit Theorien zur Erklärung gesundheitlicher Ungleichheit auseinandersetzten. *Ingeborg Jahn* (Bremen) stellte zunächst das Konzept der Intersektionalität vor und diskutierte die Möglichkeiten und Grenzen des Konzeptes zur Erklärung gesundheitlicher Ungleichheiten. Den Einfluss des sozialen Netzwerks auf das Gesundheitsverhalten bei leichten Symptomen wurde von *Dorothea Böhr* (Siegen) anhand erster Ergebnisse der HEALSEE-Studie präsentiert (Healthcare-Seeking by Older People in Germany). Die anschließenden Vorträge thematisierten die Pflege. *Sylke Sallmon* (Berlin) erläuterte, wie in ihrer Berliner Studie auf der Ebene des Raumes der Zusammenhang zwischen Erwerbsminderung und Pflegebedürftigkeit in einkommensarmen Lebenslagen mit anderen gesundheitlichen und sozialen Belastungen und deren sozialräumlichen Polarisierung nachgewiesen werden konnte. Die gesundheitlichen Auswirkungen von informeller Pflege auf die Gesundheit der Pflegenden in verschiedenen Wohlfahrtsstaaten Europas wurden in dem Vortrag von *Judith Kaschowitz* (Dortmund) beleuchtet. Schließlich stellte *Katharina Seebaß* (Erlangen) die Frage »Who cares about the care giver?« und untersuchte anhand der Daten des SOEP, inwieweit die informelle Pflege das Wohlbefinden der pflegenden Person beeinflusst, und zeigte dabei die Grenzen des SOEP bei dieser Fragestellung.

Im ersten Vortrag der Session »Soziale Netzwerke und gesundheitliche Ungleichheit« stellte *Nico Vonneilich* (Hamburg) den aktuellen Forschungsstand hinsichtlich des möglichen Beitrags sozialer Netzwerke für die Erklärung gesundheitlicher Ungleichheit vor und wies dabei auf erhebliche Forschungslücken und das Potential der soziologischen Netzwerkforschung in diesem Bereich hin. Anschließend diskutierte *Lea Ellwardt* (Köln) die Frage, ob unterschiedliche Typen persönlicher Netzwerke differente Überlebenschancen im hohen Alter erklären. Sie stellte dabei eine Netzwerk-Typologie vor, die sie gemeinsam mit *Theo van Tilburg* und *Marja Artsen* (Amsterdam) anhand struktureller und funktionaler Charakteristika sozialer Netzwerke entwickelte. Basierend auf den Ergebnissen des Forschungsprojekts »Lebensqualität und Erinnerung in ländlichen Gemeinden« (LETHE), veranschaulichten *Jens A. Forkel* und *Maureen Grimm* (Neubrandenburg) die

Relevanz sozialer Dynamiken dörflicher Verbände als Faktoren sozialer Unterstützung und soziokultureller Resilienz. Im abschließenden Beitrag der Session wies *Irene Moor* (Halle an der Saale) mit Ergebnissen des deutschen Teils der länderübergreifenden Studie »Smoking Inequalities – Learning from Natural Experiments« (SILNE) auf die Relevanz schulischer sozialer Netzwerke für das Rauchverhalten von Jugendlichen hin.

Den zweiten Tag eröffnete *Hannes Kröger* (Florenz) mit einem Keynote Vortrag, in dem ein neues Schema zur Evaluation von Theorien und Studien gesundheitlicher Ungleichheit im Lebenslauf präsentiert wurde. *Johannes Stauder* und *Tom Kossow* (Heidelberg) untersuchten in der darauffolgenden Session »Sozioökonomische Aspekte von Gesundheit« die Frage, ob die bessere Gesundheit privat Versicherter nur auf Selektion oder auch auf Kausalität zurückzuführen ist. *Andreas Klocke* (Frankfurt am Main) stellte eine neue empirische Studie zum Zusammenhang von sozialem Kapital und Unfällen bei Schulkindern vor. *Janina Söhn* (Göttingen) und *Tatjana Mika* (Berlin) sprachen in der Session »Lebenslaufperspektive gesundheitlicher Ungleichheit« über das Risiko einer Erwerbsminderung, Chancen auf entsprechenden Rentenbezug, und deren Determinanten in der Erwerbsbiographie. *Manuela Pfinder* (Bremen) beschäftigte sich mit dem Effekt des Bildungsniveaus der Mutter auf die Bildungserfolge der Kinder und dem Einfluss pränataler Risikofaktoren.

An der Tagung nahmen 50 Personen teil, und es gab 19 Präsentationen. Die Zusammenarbeit von drei DGS Sektionen und der AG der DGMS, die eine Diskussionen aus verschiedenen disziplinären Blickwinkeln anstieß, wurde als besonders fruchtbar empfunden.

Das Tagungsprogramm und Links zu den Abstracts und Präsentationen sind online unter: www.wiwi.uni-rostock.de/soziologie/makrosoziologie/ta gungen/lebenslauf-soziale-netzwerke-und-gesundheitliche-ungleichheit

Peter A. Berger, Rasmus Hoffmann, Kerstin Hofreuter-Gätgens, Monika Jungbauer-Gans, Andreas Klärner und Stefanie Sperlich

Sektion Sozialpolitik

Jahrestagung 2013 »Glaube an Gerechtigkeit? Leitbilder in der Sozialpolitik« in Köln

Am 26. und 27. September 2013 fand in Köln in den Räumen der Fritz Thyssen Stiftung die Jahrestagung der Sektion Sozialpolitik statt. Organisiert wurde die Tagung, die mit Mitteln der Fritz-Thyssen-Stiftung gefördert wurde, von Christoph Strünck und Stephan Kutzner von der Universität Siegen.

In seinem Eröffnungsvortrag analysierte *Franz-Xaver Kaufmann* (Bielefeld) den »Sozialstaat als kulturell fundierten Prozess«. Demnach seien zentrale Ideen der Sozialpolitik zwar häufig mit Interessenpositionen verkoppelt. Dennoch hätten Grundnormen eine eigene kulturelle Rechtfertigungslogik. *Jürgen Kohl* (Heidelberg) konnte zeigen, dass die Erwartungen an soziale Sicherung in Europa sehr ähnlich sind und die Akzeptanz des Wohlfahrtsstaats generell hoch ist, unabhängig vom jeweiligen Typus des Wohlfahrtsstaats. Allerdings sei die Zufriedenheit mit der Sozialpolitik sehr unterschiedlich, was aber weniger mit unterschiedlichen Wohlfahrtskulturen zu tun habe. Vielmehr gebe es teilweise starke Abweichungen zwischen Ansprüchen und der politischen Umsetzung.

Alexander Lenger (Freiburg) rekonstruierte Parallelen und Wechselwirkungen zwischen Wirtschaftswachstum, dominanten Gerechtigkeitsvorstellungen und sozialpolitischen Entscheidungen in der deutschen Nachkriegsgeschichte. Er zeichnete nach, wie die Akzeptanz der Marktwirtschaft publizistisch und politisch flankiert wurde, indem auf Normen und Traditionen der Vorkriegszeit zurückgegriffen wurde. *Sigrid Betzelt* (Berlin) und *Silke Bothfeld* (Bremen) griffen das nach wie vor aktuelle Aktivierungsparadigma in der Arbeitsmarktpolitik auf. Aktivierung könne nur dann die Autonomie von Individuen fördern, wenn in den Dimensionen der Qualität, des Zugangs und der Partizipation spezifische Rahmenbedingungen geschaffen würden.

Tim Obermeier und *Kathrin Schultheis* (Remagen) blickten auf die Gerechtigkeitsvorstellungen von Vermittlern und Klienten bei Arbeitsgelegenheiten, die sie empirisch untersucht haben. Diese seien nur in bestimmten Dimensionen deckungsgleich; gerade was das »Integrationsdogma« angehe, gerieten die Vorstellungen der Arbeitsvermittler in Konflikt mit dem, was die Klienten für gerecht im Sinne einer realistischen Teilhabemöglichkeit hielten. *Michael Grüttner* (Nürnberg) widmete sich einem ehemals prominenten Instrument der Arbeitsförderung, dem Gründungszuschuss. Mit Rückgriff auf Theorieansätze von Boltanski u.a. konnte er in einer mikrosoziologischen Studie zeigen, wie sehr die Diskurs-Situation zwischen Vermittler und Klienten darüber entscheidet, ob Erfolge erreicht oder Konflikte ausgelöst werden. Ob die »unternehmerische Eignung« festgestellt wird, hängt eher von den Diskurs-Positionen und damit verbundenen Deutungsmustern ab, als von vorgegebenen Regelwerken oder nachprüfbaren Kriterien.

Marc Breuer (Paderborn) betrachtete die Altenhilfe als ein soziales Feld nach Bourdieu und analysierte darin dominante Deutungen von Teilhabe. Bewohner, Träger und Personal hätten zwar unterschiedliche Kapitalausstattungen in diesen Diskursen, dennoch seien Kooperationen genauso wie Konflikte zu erkennen, die auch vermeintlich schwache Gruppen wie die Bewohner über Koalitionen mit anderen stärken könnten. *Frank Nullmeier* (Bremen) widmete sich den zahlreichen methodischen und methodologischen Schwierigkeiten, transnationale Leitbilder der Sozialpolitik zu rekonstruieren. Er präsentierte unterschiedliche Entwicklungsthesen, von denen abhänge, ob sich transnationale Leitbilder in Form von Hybridisierung, Transfer, Dominanz oder auch als Parallele entwickelten; letztlich sei aber die Herkunft eines Leitbildes nicht so wichtig wie die Konflikte oder Koppelungen zwischen Leitbildern.

Achim Goerres (Duisburg-Essen) ging in einer vergleichenden Studie der Frage nach, ob die Legitimation wohlfahrtsstaatlicher Reformen grundsätzlich mit wirtschaftlichem Druck einhergehe. Der Vergleich von zentralen politischen Reden in Norwegen, Schweden und Deutschland zeige, dass sich ähnliche Argumentationsmuster teilweise von der ökonomischen Situation des Landes entkoppelt und damit eine eigenständige Diskurs-Stabilität erreicht hätten. *Martin Schröder* (Marburg) konnte anhand unterschiedlicher Datenquellen zeigen, dass es über einen längeren Zeitraum signifikante Übereinstimmungen gibt zwischen Einstellungen zu sozialer Gerechtigkeit, der Medienberichterstattung und der tatsächlichen Entwicklung sozialer Ungleichheit. In der Phase der Agenda 2010 wurde »soziale Ungleichheit« weniger in den Medien erwähnt, und die Unterstützung für Sozialleistungen ging gleichzeitig in der Bevölkerung zurück. Inzwischen steht das Thema jedoch wieder auf der Agenda, die sozialen Unterschiede nehmen zu, und vom Wohlfahrtsstaat wird auch wieder mehr Umverteilung erwartet.

Zum Abschluss der Tagung moderierte Michael Brocker vom Westdeutschen Rundfunk ein Podiumsgespräch zum Thema: »Welche Leitbilder dominieren die Sozialpolitik?« *Stephan Lessenich* (München) betonte, dass Leitbilder wie Aktivierung sowohl in der Wissenschaft als auch in der Politik von höchst unterschiedlichen Gruppen propagiert wurde und werde. Auch wenn die Motive unterschiedlich seien, stärke es insgesamt eine Agenda, die kritikwürdig sei. Laut *Stefan Huster* (Bochum) habe dieses Leitbild jedoch dazu geführt, etablierte Routinen der Sozialpolitik in Frage zu stellen und nach der Wirksamkeit von Sozialleistungen zu fragen. *Margarete Schuler-Harms* (Hamburg) rückte die Bedeutung übergeordneter gesellschaftlicher Leitbilder in den Vordergrund. Das über Jahrzehnte gewachsene Familienbild würde nach wie vor auch die Sozialpolitik prägen; auch mögliche Richtungsentscheidungen über eine stärker sozialpolitisch orientierte Familienförderung seien davon beeinflusst.

Christoph Strünck

ESPAnet Workshop 2013

Die Sektion Sozialpolitik beteiligte sich außerdem am Doktorandenworkshop der deutschen Sektion des European Social Policy Network (ESPAnet) am 14. und 15. November 2013 in Köln zum Thema »Privatisation and Marketisation of Social Services and Social Programmes«. Als Senior Researcher von der Sektion war Prof. Dr. Simone Leiber, FH Düsseldorf, aktiv an der Vorbereitung und als Kommentatorin beteiligt. An diesem dritten gemeinsamen Doktorandenworkshop stellten im Rahmen von verschiedenen thematischen Panels 14 DoktorandInnen ihre Arbeiten und Ergebnisse vor.

Sektionsveranstaltung »Revival oder Rückzug? Der Sozialstaat in Krisenzeiten« auf dem DGS-Kongress 2014 in Trier

Krisen und Sozialstaat stehen in einem vielschichtigen, spannungsreichen Verhältnis. Nicht zuletzt dem Sozialstaat kommt gemeinhin die Aufgabe zu, sowohl gegenwärtige Gefährdungen als auch Zukunftsunsicherheiten zu reduzieren. Insbesondere in Krisenzeiten wird er damit zum Adressaten von Sicherungserwartungen. Und zahlreiche Beispiele zeigen, dass es ihm tatsächlich gelingen kann, die sozialen Folgen von Krisen abzufedern – bei konjunkturellen Krisen, indem er etwa Sozialleistungen bereit hält, die vor

Verelendung schützen, die Kaufkraft stabilisieren oder Qualifikationen erhalten; bei strukturellen Krisen, indem er individuelle und kollektive Handlungsspiel- und -zeiträume eröffnet und so betroffenen Akteuren die erforderlichen strukturellen Anpassungsleistungen ermöglicht. Sozialpolitik kann und soll derartigen Krisen etwas entgegensetzen. So gesehen sind Krisen Bewährungsproben für den Sozialstaat.

Andererseits sind Krisen Umbruchphasen. Das gilt für den Sozialstaat als zentrales institutionelles Arrangement moderner Gesellschaften in besonderer Weise. In Krisenzeiten geraten soziale Rechte, Sicherungssysteme und Sozialpolitiken diskursiv unter Druck. Zahlreiche Befunde belegen zwar, dass die rhetorische Infragestellung sozialstaatlicher Leistungen und Institutionen nicht zwangsläufig auch zu faktischem Sozialstaatsabbau im großen Stil führen muss. Jedoch ist unterhalb stabiler Sozialleistungsniveaus »schleichender« Sozialabbau durchaus möglich: etwa durch die Neuausrichtung von Umverteilungsmustern oder die Neujustierung von Finanzierungsanteilen zwischen sozialen Gruppen, durch die Verschärfung von Zugangsvoraussetzungen zu Sozialleistungen, durch den Abbau öffentlicher Beschäftigung oder – und in Krisenkontexten besonders bedeutsam – schlicht durch sozialpolitische Untätigkeit trotz massiven Problemanstiegs. Damit sind institutionelle Krisen immer auch Phasen, in denen etablierte Redistributionsregeln zur Diskussion stehen und geprüft wird, welche sozialen Beziehungen tragfähig, welche Formen von Solidarität möglich sind – kurz: welche Wir-Gruppen-Konstruktionen sich als umverteilungsfest erweisen.

Analytisch betrachtet kann also Sozialpolitik abhängige oder unabhängige Variable oder in verkoppelten Fragestellungen beides sein. Abhängige Variable ist sie, sofern sie auf gesellschaftliche Ursachen wie zum Beispiel Krisen reagiert. Unabhängige Variable ist sie, wenn man sie als Ursache weitergehender gesellschaftlicher Entwicklungen begreift. Die drei Vorträge in der Sektionsveranstaltung lassen sich gut in dieses Schema einordnen.

Patrick Sachweh (Frankfurt am Main) nahm mit seinem Vortrag die erstgenannte Perspektive ein, ging aber zugleich darüber hinaus. Im Zentrum seines Vortrages stand weniger die Frage, wie mittels Sozialpolitik auf die Krisenphänomene der letzten Jahre reagiert wurde, sondern darüber hinausgehend und international vergleichend die Frage, in welcher Weise diese Krisen und die sozialpolitischen Reaktionen darauf auf die Akzeptanz des Sozialstaates und auf die Unterstützungsbereitschaft der Leute durchschlagen. Dabei untersuchte er gruppenspezifische Krisenbetroffenheiten und setzte diese in Beziehung zu gruppenspezifischen Unterstützungsbereitschaften für den Sozialstaat. Im Ergebnis zeigt sich, dass die so genannte Eigennutz-These den größten Erklärungswert für diese Unterstützungsbereitschaft bietet: In Krisenzeiten steigt bei einigen sozialen Gruppen der Bedarf an sozialstaatlichen Leistungen – und damit auch deren Unterstützung für den Sozialstaat. Vor allem in universalistisch geprägten Sozialstaaten steigt diese Unterstützungsbereitschaft auch dann, wenn nicht eigene Betroffenheit, sondern die sozial und persönlich nahestehender Akteure den Bedarf an sozialstaatlichen Leistungen erhöht (Unsicherheitsthese). Hingegen lässt sich nicht zeigen, dass Krisenerfahrungen generell in der Gesellschaft zu mehr Solidaritätsbereitschaft und steigender Sozialstaatsunterstützung führen (Empathiethese).

Im Vortrag von *Andrea Hense* (Bielefeld) erschien Sozialpolitik hingegen stärker als unabhängige Variable. Auf Basis einer Kombination von Theoremen sozialer Produktionsfaktoren sowie feld- und habitustheoretischer Elemente und anhand von SOEP-Daten untersuchte sie den Einfluss sozial- und arbeitsmarktpolitischer Maßnahmen auf die subjektive Prekaritätswahrnehmung. Dabei zeigt sich nicht nur, dass das institutionelle Setting sozialpolitischer Maßnahmen in Abhängigkeit von persönlichen Betroffenheitserfahrungen einen wesentlichen Einfluss auf subjektive Prekaritätsempfindungen hat. Hense konnte auch zeigen, dass die Zielrichtung sozialpolitischer Reformen (Kommodifizierung oder Dekommodifizierung) entsprechende Auswirkungen auf diese Prekaritätswahrnehmungen hat. Aus dieser Perspektive kann der Sozialstaat als Krisenmanager Impulse setzen, die individuelle Prekaritätswahrnehmungen, letztlich also auch individuelle Krisenerfahrungen, begünstigen oder abschwächen können.

Der Vortrag von *Stefan Kutzner* (Siegen) schließlich kann als Beispiel dienen für eine verkoppelte Fragestellung. Ausgehend von einer Charakterisierung der frühen deutschen Rentenpolitik als fragmentiert macht Kutzner zunächst auf einige rentenpolitische Reformen aufmerksam, deren Intention oder zumindest Effekt eine Universalisierung der Alterssicherung in Deutschland ist. Dem stehen jedoch in jüngster Zeit politische Maßnahmen gegenüber, die sich Kutzner zufolge als eine Re-Fragmentierung des deutschen Alterssicherungssystems interpretieren lassen. Darüber hinaus zeigen einige basale inhaltsanalytische Analysen, dass den jüngsten Maßnahmen, insbesondere der Einführung der so genannten Lebensleistungsrente, ein paternalistisches Staatsverständnis zugrunde liegt, das bereits für die Einführung der Rentenversicherung unter Bismarck prägend war. Eine verkoppelte Fragestellung im oben verstandenen Sinne ist dies insofern, weil Kutzner ausgehend vom demographischen Wandel als Herausforderung für den Sozialstaat Sozialpolitik zunächst als abhängige Variable konzeptualisiert, daran anschließend aber auch zeigt, inwieweit sich durch sozialpolitische Anpassungsbemühungen ihrerseits auch gesellschaftliche Strukturen und Wechselbeziehungen wandeln.

Insgesamt präsentierten die drei Vortragenden (zwei weitere Referentinnen mussten ihre geplanten Vorträge leider absagen) sehr unterschiedliche Sichtweisen auf das Verhältnis von Sozialstaat und Krise. Schon diese kleine Zahl an Beiträgen zeigt, dass die Frage nach sozialpolitischer Entwicklung unter Kriseneindruck weder mit einem Befund spürbaren Revivals noch mit dem Nachweis sozialstaatlichen Rückzugs eindeutig zu beantworten ist. Vielmehr erweist sich jenseits von Auf- und Abbau der Umbau des Sozialstaates in Krisenzeiten und in Reaktion auf Krisen als ein wiederkehrendes Muster.

Thilo Fehmel

Soziopolis – Gesellschaft beobachten

Am Hamburger Institut für Sozialforschung entsteht ein neues Internetangebot für die Sozialwissenschaften

Unter dem Motto »Gesellschaft beobachten« präsentiert das Portal *Soziopolis* (www.soziopolis.de) die zeitgenössische Soziologie und ihre Nachbardisziplinen im ganzen Spektrum der einschlägigen Themen- und Fragestellungen. Damit bietet die neue Plattform nicht nur der Fachöffentlichkeit aus Lehrenden, Forschenden und Studierenden einen schnellen Zugriff auf den Stand wissenschaftlicher Gesellschaftsbeobachtung, sondern auch einem nichtakademischen Publikum, das an den Beiträgen soziologischer Forschung zur gesellschaftlichen Selbstverständigung interessiert ist. Indem *Soziopolis* diese Forschung, ihre nationale und internationale Bandbreite, ihre methodischen Orientierungen und unterschiedlichen Problemstellungen abbildet, wird ein Forum entstehen, auf dem sich die empirischen wie theoretischen Unterscheidungsgewohnheiten versammelt finden. Tradition und Innovation der Gesellschaftsanalyse kann sich dort begegnen und zueinander ins Verhältnis setzen. Die digitale Agora, als die sich *Soziopolis* versteht, wird selbstverständlich aber auch der Ort sein, wo Nachrichten über die Aktualitäten des Tages zirkulieren, wo man sich über Symposien, Workshops und Konferenzen informieren kann sowie über all die Veranstaltungen, Begebenheiten und Ereignisse, die das Eigenleben einer sozialwissenschaftlichen Disziplin ausmachen.

Ein derart ambitioniertes Unternehmen verlangt ein ganzes Netzwerk von Akteuren. Zwar hat das Hamburger Institut für Sozialforschung *Soziopolis* entwickelt und wird die Plattform auch in Zukunft redaktionell koordinieren. Doch verdankt das Projekt seine Existenz zugleich der Mitarbeit zahlreicher WissenschaftlerInnen und Institutionen im In- und Ausland, die mit der Hamburger Redaktion kooperieren. Zustande gekommen ist *Soziopolis* letztlich durch einen wegweisenden Impuls von H-Soz-Kult, der bedeutendsten deutschsprachigen Internetplattform für die Geschichtswissenschaften (www.hsozkult.de). In der dortigen Redaktion wurde augenfällig, dass ein soziologisches Portal dringend vonnöten ist, weil sich immer mehr SozialwissenschaftlerInnen mit Publikationsofferten an die Historiker wandten. Zahlreiche Gespräche nicht nur zwischen Berlin und Hamburg folgten, bis das Grundkonzept von *Soziopolis* schließlich feststand.

Auch wenn der Prozess der Forschung selbst zunächst kein öffentlicher Vorgang ist, drängt sie doch spätestens mit ihren Resultaten entschieden in die Öffentlichkeit. So gehört *Soziopolis* in seiner Funktion, wissenschaftliche Gesellschaftsbeobachtung zu dokumentieren, ohne Frage zur soziologischen Fachöffentlichkeit. Freilich setzt das Portal die Praxis der Gesellschaftsanalyse auch der Fremdbeobachtung durch ein Publikum aus, das kein Fachpublikum sein muss. Der Ehrgeiz, Sozialwissenschaft publik zu machen, macht *Soziopolis* zu einem Teil der »öffentlichen Soziologie«. Eine so verstandene Soziologie zielt thematisch nicht zuletzt auf Zeitdiagnostik und verlangt stilistisch essayistischere Textgattungen – woraus folgt, dass *Soziopolis* Vermittlungsaufgaben zwischen Wissenschaft und öffentlichem Diskurs zu übernehmen hat. Und der Adressat solcher Übersetzungsleistungen kann nur ein für geistesgegenwärtige Gesellschaftsanalyse offenes, allgemeines Publikum sein.

Dementsprechend bringt *Soziopolis* die Gepflogenheiten akademischer Publizistik mit Stilelementen und Textformen des anspruchsvollen Feuilletons ins Gespräch. Glossen, Kommentare oder pointierte Stellungnahmen, die Eigensinn nicht scheuen, werden auch Zufallsbesucher neugierig machen. Sie sollen dazu animiert werden, sich mit der Vielfalt der Stimmen und Formate, die *Soziopolis* offeriert, auseinanderzusetzen. Auch und gerade diese LeserInnen gilt es für das intellektuelle Abenteuer zu gewinnen, das Intersubjektive im Subjektiven, den Konflikt im Konsens, den sozialen im individuellen Sinn zu erkennen, kurz: sie für die grundsätzlichen Fragestellungen der Soziologie einzunehmen.

Was bietet Soziopolis?

Drei Bedürfnisse sind es, die *Soziopolis* nicht nur befriedigen, sondern verstärken soll: erstens den Wunsch nach (durchaus auch tagesaktuellen) Nachrichten aus der Soziologie und verwandten Fächern. Mit den zugänglich gemachten Informationen zu Veranstaltungen und Ausschreibungen, mit Tagungsberichten und neuesten Personalia, aber auch mit lesenswerten Presseschauen und Rezensionen zu Neuerscheinungen, schließlich mit der Würdigung von für die Disziplinen relevanten Jubiläen und informativen Porträts bedeutender FachvertreterInnen ist *Soziopolis* eine digitale Tageszeitung für die Soziologie.

Eine Wochen- oder Monatszeitschrift für soziologisch Interessierte wird *Soziopolis* zweitens durch sein Angebot an Hintergrundinformationen. Diese umfassen neben Projektpräsentationen und der Kommentierung von Forschungstrends, auch Literaturessays, die sowohl nationale Landschaften der Soziologie, als auch einzelne SoziologInnen und ihre Werke vorstellen. Zudem werden ausgewählte Dossiers und Einführungstexte dazu dienen, Studierende mit Orientierung zu versorgen. Selbstverständlich können auch zeitdiagnostische Abhandlungen, Interviews, Videos mit Vorträgen oder Beiträge zu laufenden Kontroversen veröffentlicht werden. In *Soziopolis* als einem sozialwissenschaftlichen Magazin wird es außerdem regelmäßig Meinungsstücke geben, also Leitartikel, Kolumnen und Glossen, die aus soziologischer Perspektive über Debatten aus dem Ausland berichten oder zu politischen und kulturellen Ereignissen Stellung nehmen. Auch auf wissenschaftspolitische sowie -organisatorische Entwicklungen wird das Portal eingehen.

Drittens wird die Beschäftigung mit den Künsten, mit der Fotografie und Werbung, soweit sie von Belang für die Gesellschaftsbeobachtung sind, ein fester Bestandteil des Portals sein. Nicht zu vergessen ist die aufarbeitende Präsentation von Fundstücken aus sozialwissenschaftlichen Archiven, die zur Profilierung der Aufmerksamkeit beitragen soll, die *Soziopolis* der Disziplingeschichte von Soziologie und Sozialtheorie widmen wird. Ebendieses historische Interesse belebt ein Soziologischer Kalender, der bevorstehende Termine und Veranstaltungen verlässlich ankündigen und im Übrigen mit überraschenden bis amüsanten Seitenblicken auf die Vergangenheit aufwarten wird.

Wer macht Soziopolis?

Soziopolis wird von der Redaktion der Zeitschrift *Mittelweg 36* am Hamburger Institut für Sozialforschung betreut und ist ein Projektpartner von H-Soz-Kult im Verein Clio-Online e.V. Im Hintergrund steht ein Verbund sozialwissenschaftlicher Institutionen und Akteure aus dem In- und Ausland, zu dem jetzt bereits das Institut für Sozialforschung in Frankfurt am Main, das Max-Planck-Institut für Gesellschaftsforschung in Köln und natürlich die Deutsche Gesellschaft für Soziologie zählen. Auch digitale Projekte wie theorieblog.de und laviedesidees.fr unterstützen *Soziopolis*. Partnerschaften mit gedruckten und digitalen Medien werden darüber hinaus ausgewählte Inhalte aus diesen Publikationen auch für die Nutzer von *Soziopolis* verfügbar machen.

Die Inhalte des Portals erarbeiten feste und freie Redaktionsmitglieder in einem zweistufigen System. Im Zentrum operiert eine festangestellte Tagesredaktion, die sich um die Akquise der Beiträge, deren redaktionelle Bearbeitung und die Routinen digitalen Publizierens kümmert. Sie steht im ständigen Kontakt zu rund 40 FachredakteurInnen, die dank ihrer Expertisen die einzelnen Bereiche der Sozialwissenschaft kompetent betreuen. Sie inspirieren die Themenfindung, wählen die zu besprechenden Neuerscheinungen aus, stellen den Kontakt zu geeigneten AutorInnen her und übernehmen Begutachtungsaufgaben. Belebt und begleitet wird das redaktionelle Tagesgeschäft zudem durch einen prominent besetzten wissenschaftlichen Beirat, der den Geist von *Soziopolis* verkörpert.

Neben den genannten Informationsbedürfnissen wird *Soziopolis* aber auch ein Verlangen nach innerakademischer Vergemeinschaftung befriedigen, wie es zumal der sozialwissenschaftliche Nachwuchs artikuliert. Junge WissenschaftlerInnen können sich durch ihre Mitarbeit – sei es als Autorin, sei es als Fachredakteur – nicht nur nützliche Fähigkeiten im redaktionellen Umgang mit fremden und eigenen Texten aneignen, sondern auch direkt mit den KollegInnen in Kontakt treten, die im jeweiligen Feld tätig sind. Da sich die Soziologie – wie Wissenschaft überhaupt – nicht zuletzt über Reputation selbst steuert, bietet die Plattform mit ihren Vernetzungsoptionen jungen Akademikern ganz eigene Möglichkeiten zur Profilierung.

Einladung zur Gesellschaftsbeobachtung

Und nun? Verschaffen Sie sich einen eigenen Eindruck von *Soziopolis* – noch befindet sich die Seite im Aufbau, aber das Eine oder Andere dürfte bereits zu entdecken sein. Vielleicht schießt Ihnen ja auch schon eine Idee durch den Kopf, die *Soziopolis* aufgreifen sollte. Möchten Sie mehr Informationen zu dem neuen Portal oder wollen Sie sich eventuell sogar aktiv beteiligen? Dann schreiben Sie uns! Wir freuen uns auf Ihre Anregungen.

Martin Bauer, Christina Müller
E-Mail: redaktion@soziopolis.de

In memoriam Dieter Goetze
(29. Oktober 1942 – 27. August 2014)

Im August 2014 verstarb Dieter Goetze, emeritierter Professor für Soziologie an der Universität Regensburg. Dieter Goetze war jahrzehntelang prägendes Mitglied der Sektion Entwicklungssoziologie und Sozialanthropologie, die er sowohl bezüglich der inhaltlichen Ausrichtung als auch der Form der wissenschaftlichen Debatten und Diskurse maßgeblich beeinflusste. Er war bis 1983 Sektionssprecher, und es war seiner offenen, toleranten und ausgleichenden Persönlichkeit zu verdanken, dass in einer Zeit, in der die Beschäftigung mit der »Dritten Welt« und die Kritik an den Modernisierungstheorien eine heftige Arena der Auseinandersetzung darstellte, innerhalb der Sektion vor allem die systematische Konfrontation der ›großen‹ Theorien mit dem empirischen Material und die Forderung nach begrifflicher Präzision und nach empirischer Überprüfung die Diskussionen dominierte. Damit hat er, wie es sein Nachfolger Georg Elwert in der Funktion des Sektionssprechers in einem Rundbrief vom 15. August 1983 formuliert hat, ganz erheblich zur »Wiederbelebung der deutschen Entwicklungssoziologie« beigetragen. Seine breite disziplinäre Offenheit und sein Interesse an der Ethnologie aber auch an der sich auch innerhalb der Sektion (neu) positionierenden Frauen- und Geschlechterforschung spiegelte sich nicht nur in seinen Arbeiten wider, sondern er brachte diese Perspektiven völlig selbstverständlich in die Profession sowie entsprechende Institutionen ein. Seine Offenheit gegenüber unterschiedlichen methodischen und theoretischen Ansätzen sowie seine unaufgeregte Art trugen ganz maßgeblich zur Förderung jüngerer Mitglieder und zur kontinuierlichen Weiterentwicklung der Disziplin bei.

Dieter Goetze kam über ein ethnologisch, politologisch und soziologisch ausgerichtetes Studium bei Professor Mühlmann in Heidelberg 1964 bis 1969 zur Soziologie, wo er promovierte. Er war Assistent in Augsburg von 1970 bis 1975, habilitierte und trat danach eine Professur für Soziologie an der Universität Regensburg an, die er bis zu seiner Emeritierung 2007 innehatte. Nicht zuletzt aufgrund seines familiären Hintergrundes (er wurde in Spanien geboren) beschäftigte er sich schwerpunktmäßig mit Spanien und Lateinamerika, vor allem mit Theorien und Ideologien zur sozio-kulturellen Integration sowie, der Rolle von Indigenismus und der katholischen Kirche als Teil dieser Prozesse. Sein breites soziologisches Wissen sowie sein immanentes Interesse an soziologischer Theorieentwicklung und seine methodologischen Überlegungen führten im Rahmen der Sektion immer wieder zu wichtigen Grundsatzdebatten.

So löste er in den Diskussionen zur Bedeutung des Ansatzes der »Strategischen Gruppen« (Evers, Schiel 1988) eine Debatte zum methodologischen Rahmen aus und machte deutlich, dass eine akteurszentrierte Argumentation nicht der Rational Choice Theorie gleichzusetzen sein kann. Er verwies damit schon früh auf Akteursstrukturdynamiken, Akteurskonstellationen sowie die Relevanz von Raum- und Zeitparametern. 1993 schrieb er ein Positionspapier indem er eine Neuorientierung der Entwicklungssoziologie forderte. Er begründete dies mit gesellschaftlichen Phänomenen, die massiv »in die angenommene ›heile Welt‹ der kapitalistischen Industriegesellschaften einbrechen«. Damit kritisierte er explizit die Tendenz der Entwicklungssoziologie, »sich von der allgemeinen soziologischen (Theorie-)Diskussion abzukoppeln«. In einem Diskussionsbeitrag bei der Frühjahrssektionssitzung 2004 bestand er auf einer stärkeren Berücksichtigung von »Kultur«, als »soziale Tatsache« und schlug damit eine wichtige Brücke zur Sozialanthropologie. In seinem letzten Vortrag im Rahmen der Sektionstagung setzte er sich intensiv mit den Transformationen, Transitionen und Optionen von ›Entwicklung‹ auseinander und plädierte wiederum für eine neue Orientierung der Entwicklungssoziologie, die stärker wechselseitige Bezüge zwischen Regionen integrieren müsse aber auch theoretische Prämissen mit einbeziehen sollte, die im Zuge der Auseinandersetzung mit Globalisierungs- und Transnationalisierungsprozessen im Entstehen waren und diskutiert wurden.

Dieter Goetze hat grundlegende Bücher zur Entwicklungssoziologie geschrieben, die von Generationen von Studierenden und Lehrenden bis heute genutzt werden. Genannt seien an dieser Stelle: 1976 »Entwicklungssoziologie«, 1984 »Ethnosoziologie« (zusammen mit Claus Mühlfeld), 1997 »Die ›Theoriekrise‹ der Entwicklungssoziologie – Gründe, Mißverständnisse und mögliche Neuansätze« sowie 2002 »Entwicklungssoziologie. Eine Einführung«.

Wir haben mit Dieter Goetze einen wichtigen und sehr geschätzten Kollegen verloren, einen Kollegen der durch seine Offenheit, seine Neugier aber vor allem auch durch seine angenehme Persönlichkeit für die Sektion von unschätzbarer Bedeutung war.

Petra Dannecker, Gudrun Lachenmann und Ulrike Schultz

In memoriam Bernd Hamm (5. August 1945 – 19. Juni 2015)

Am 19. Juni verstarb in Berlin Prof. Dr. Bernd Hamm nach schwerem Krebsleiden, das sich erst Anfang des Jahres bei diesem so vitalen, vor Energie, Lebens- und Arbeitsfreude sprühenden Menschen gezeigt hatte. Bernd Hamm wurde am 5. August 1945 im hessischen Groß-Gerau geboren. Er machte eine Lehre als Schriftsetzer, kam mit diesem Beruf in die Schweiz, holte in Abendkursen das Abitur nach und begann an der Universität Bern Soziologie zu studieren. Hier war Peter Atteslander sein wichtigster Lehrer, Mentor, Freund. Atteslander förderte Kontakte zum Berner Stadtplanungsamt.

Mit der Veröffentlichung seiner Diplom-Arbeit, »Nachbarschaft – Verständigung und Gebrauch eines vieldeutigen Begriffs«, 1973 in der renommierten Reihe »Bauwelt Fundamente«, begann Hamms Karriere als *shooting star* der Stadt- und Regionalsoziologie. Diese war damals in einer stürmischen Entwicklungsphase, erkennbar auch daran, dass ab dem Sommer-Semester 1971 am soziologischen Lehrstuhl von Manfred Teschner der TH Darmstadt die 1975 offiziell gegründete Sektion Stadt- und Regionalsoziologie in der DGS ihre Arbeit aufnahm. An ihren Sitzungen, ab 1972 in der Werner-Reimers-Stiftung in Bad Homburg, nahm Hamm regelmäßig teil.

1974 gab er, zusammen mit Peter Atteslander, in der damals so wichtigen »Neuen Wissenschaftlichen Bibliothek« einen umfangreichen Reader heraus: »Materialien zur Siedlungssoziologie«. In der Einleitung werden »Grundzüge einer Siedlungssoziologie« formuliert. »Wir wissen relativ wenig über die Beziehung zwischen Raumgestalt und Sozialverhalten«. Dieser Band hat noch heute seinen Stellenwert. Wären die Beiträge besser bekannt, zum Beispiel die Sozialraumanalyse von Eshref Shevky und Wendell Bell, die Konzepte zur Ökologie und Sozialökologie oder von Robert K. Merton die Abhandlung zur Sozialpsychologie des Wohnens, würden einige Arbeiten nicht mit dem Anspruch auf neue Erkenntnisse aufwarten können.

Es mag angemessen sein oder nicht: am bekanntesten wurde von Bernd Hamm seine 1977 veröffentlichte Arbeit »Die Organisation der städtischen Umwelt. Ein Beitrag zur sozialökologischen Theorie der Stadt«. Zusammen mit einer im gleichen Jahr von Jürgen Friedrichs vorlegten Arbeit zur Chicagoer Schule wurde damit eine der ersten systematischen soziologischen Theorien zur Stadt in ihren Grundzügen vorgestellt und am Beispiel der Stadt Bern empirisch überprüft. Diese Arbeit war 1975 von Professor Atteslander als Dissertation angenommen worden.

Im Jahr 1977 wurde Bernd Hamm auf eine Professur für Stadt- und Regionalsoziologie an die Universität Trier berufen. Hier begann eine umfangreiche Lehr- und Forschungstätigkeit, mit vielen internationalen Kontakten und Gast-Professuren in fünf Ländern, darunter Kanada, Wien und Nijmwegen. 1982 erschien als Becksches Elementarbuch Hamms »Einführung in die Siedlungssoziologie«. Sie schließt an die Einleitung im genannten Reader an, greift aber auch neue Aspekte auf, zum Beispiel die »räumliche Semiotik«. Zu diesem Forschungsgebiet entstanden einige Arbeiten, die noch heute ihren Stellenwert haben. Sie wurden in der von Hamm gegründeten Reihe »Trierer Beiträge zur Stadt- und Regionalplanung« veröffentlicht.

Bernd Hamm wandte sich ab Ende der 1980er Jahre mit großer Energie den Themen der Ökologie und den Folgen einer nur ökonomisch motivierten Globalisierung zu, und dies in einer europäischen und globalen Perspektive. Ein erstes Ergebnis waren die Bände zur »Struktur moderner Gesellschaften« und »Siedlungs-, Umwelt- und Planungssoziologie« (zusammen mit Ingo Neumann). Der Untertitel lautet: »Ökologische Soziologie«. Es war schmerzlich für ihn, dass die Fachwelt und weitere Öffentlichkeit diese Arbeiten nicht enthusiastisch begrüßten und sich der Begriff »ökologische Soziologie« nicht durchsetzen konnte.

Stolz war er auf zwei kurzfristig eingenommene Professuren: die Jean-Monnet-Professur für europäische Studien der Europäischen Gemeinschaften (1992) und die erste deutsche »UNESCO-Professur für Europa und in globaler Perspektive«. Diese Themen entsprachen seinem wissenschaftlichen Impetus und Ethos; sie waren der Anlass zur Gründung des »Zentrums für Europäische Studien an der Universität Trier«, das er von 1993 bis 2005 leitete.

Von den zahlreichen weiteren Veröffentlichungen seien nur noch zwei hervorgehoben: »Die soziale Struktur der Globalisierung« (2006) und, als letzte Monographie, die 455 Seiten umfassende Arbeit »Umweltkatastrophen« (2011). 595 Anmerkungen und Literaturhinweise erschließen ein Gebiet, das für Hamm nicht hinreichend in das Zentrum der Soziologie gerückt war. So spielten Enttäuschung und Resignation mit, als er vorzeitig, im Jahr 2008, aber auch aus Protest gegen die Master-Bachelor-Reform, in den Ruhestand ging und nach Berlin zog. Unvergessen bleibt, wie Johan Galtung auf der Abschiedsveranstaltung, am 27. Juni 2008, in der voll besetzten Aula der Universität Trier eine Summe seines Wirkens zog. Sein Engagement bei *Attac*, in der *Lokalen Agenda 21* in Trier und bis zuletzt in Berlin-Grünau für eine verträgliche Energiewirtschaft und lebenswerte Umwelt gehörten zu seinem Verständnis von engagierter Wissenschaft.

Um vieles hatte sich Bernd Hamm Verdienste erworben, nicht zuletzt durch die Intensivierung der deutsch-deutschen und der deutsch-polnischen Kontakte in der Stadtsoziologie seit den 1980er Jahren. Hierfür verlieh ihm die Universität Katowice 1995 den Ehrendoktor. Von 1983 bis 1995 war Hamm Mitglied der Deutschen UNESCO-Kommission und Vorsitzender des Fachausschusses Sozialwissenschaften – ein »Amt«, das in den 1950er Jahren René König als erster innehatte.

Nur wenige Wochen vor seinem Tod schrieb er mir in einer Briefmail: »Zur großen Enttäuschung meiner wissenschaftlichen Arbeit ist geworden, was vor nun beinahe 20 Jahren Aufbruch hatte sein wollen, Herausforderung an die *community*«. Er habe sich darüber geärgert, dass »die Soziologie vor ihrem Gegenstand flieht, der besseren Gesellschaft«.

Von vielen Ehrungen und Mitgliedschaften sei nur diese erwähnt: Seit 1986 war Hamm im Bundesverband Bildender Künstler. Seine Zeichnungen, Grafiken, Siebdrucke und Fotografien, die bis in die 1960er Jahre zurückgehen, wurden auf mehreren Ausstellungen gezeigt.

Ein hoch Begabter und hoch Motivierter, der seine Studierenden, nicht zuletzt wegen seines Engagements für eine bessere Welt, begeistern konnte, ist von uns gegangen.

Bernhard Schäfers

In memoriam Arno Klönne (4. Mai 1931 – 4. Juni 2015)

Der Soziologe, Politikwissenschaftler und Historiker Arno Klönne wurde am 4. Mai 1931 in Bochum geboren. Er wuchs in Paderborn auf und studierte nach dem Abitur in Marburg und Köln Geschichte, Soziologie und Politikwissenschaft. Promoviert wurde er im Jahre 1955 bei Wolfgang Abendroth mit einer jugendsoziologischen Studie über die Hitlerjugend und ihre Gegner. Arno Klönne hatte bereits als Heranwachsender, während des Zweiten Weltkriegs, erste Verbindungen zur katholischen Jugendbewegung; in Paderborn gründete er selbst eine Jugendgruppe, die den Namen »Jungenschaft Paderborn«, später »dj.1.11 paderborn« trug. Beruflich war er zunächst als Landesjugendpfleger in Wiesbaden tätig und wurde dann wissenschaftlicher Mitarbeiter der Sozialforschungsstelle an der Universität Münster. Von 1978 bis 1995 war er Professor für Soziologie an der Universität Paderborn. Er trat nicht nur durch eine Vielzahl von Publikationen hervor, darunter Standardwerke zur Geschichte der Hitlerjugend und eine in mehreren Auflagen erschienene Sozialkunde der Bundesrepublik, sondern auch durch vielfältiges politisches und gesellschaftliches Engagement. So gehörte er beispielsweise zu den Herausgebern der Zeitschrift »pläne«, 1961 auch zu den Mitgründern des gleichnamigen Schallplattenlabels und des Verlags. In den 1960er Jahren war er einer der Sprecher der Ostermarschbewegung. Noch im April des Jahres 2015 sprach er bei einer Ostermarschveranstaltung und engagierte sich bis kurz vor seinem Tod am 4. Juni 2015 in dem von ihm initiierten »Linken Forum Paderborn«.

Jugendbewegt geprägt »gegen den Strom der Zeit ...«

Unter Soziologen und auch Vertretern anderer Wissenschaftsdisziplinen war und ist es noch immer nicht selbstverständlich, die Person des Forschenden in irgendeiner Weise hinter ihren Forschungen sichtbar werden zu lassen. Der Satz: »De nobis ipsis silemus« trifft in mancher Hinsicht, aber doch nur mit Einschränkungen für Arno Klönne zu. Für ihn gilt die nicht zuletzt unter Soziologen verbreitete Devise »Von uns selber schweigen wir« nur insofern, als er stets sehr zurückhaltend war, wenn es darum ging, über Familie und Freunde zu sprechen. Zu seinen prägenden Erfahrungen in der Jugendbewegung jedoch hat Arno Klönne immer wieder Stellung genommen. So teilte er im Jahre 2011, wenige Wochen nach seinem achtzigsten Geburtstag, in einem maschinenschriftlichen autobiographischen Text mit, er empfinde es »als lebenslänglich wirksamen Glücksfall«, die Jugendbewegung »erlebt« zu haben; wörtlich fügte Klönne hinzu: »Weiß der Himmel, welch ein wohlangesehener Ordinarius mit Bundesverdienstkreuz oder auch ministrabler Politiker sonst aus mir geworden wäre.«

Dass er bis zu seinem Tode 2015 ein unangepasster Intellektueller war, der sich engagierte, aber nicht vereinnahmen ließ, wurde nicht zuletzt in ausführlichen Äußerungen Klönnes während eines Podiumsgesprächs aus Anlass seines 75sten Geburtstages deutlich. Die Metapher »gegen den Strom«, mit der Klönne 2006 seine erzählten Erfahrungen auf den Punkt brachte und mit der er lange zuvor – 1957 bereits – einen Bericht über Jugendwiderstand im Dritten Reich überschrieben hatte, stellt gleichsam die Klammer zwischen seinen persönlichen Erfahrungen und aus diesen erwachsenen Lebensprägungen sowie Selbstdeutungen dar.

Arno Klönne gehört zu jener um 1930 geborenen »Kerngruppe der ›skeptischen Generation‹«, die ideologische Verengungen sowie Vereinnahmungen, von welchen Gruppen und Interessen auch immer, stets ablehnten. Wie er das Dritte Reich und den Zweiten Weltkrieg erlebt hat, hat er wiederholt beschrieben. Der von Faschismus und Krieg wesentlich mitbestimmte generationelle Zeithorizont sei, wie Klönne mehrfach betont hat, für ihn ebenso prägend gewesen wie spezifische Erfahrungen in der katholischen Jugendbewegung in den Kriegsjahren und auch nach 1945. Bereits 1951, also im Alter von 20 Jahren, hat er in dem auflagenstarken Spurbuch-Verlag unter dem Titel »Fahrt ohne Ende« solche Erfahrungen, die durchaus exemplarisch für katholische Jungen seiner Altersgruppe gewesen sein dürften, einem breiteren jugendlichen Publikum vermittelt. Im Vorwort dieser »Geschichte einer Jungenschaft« spricht Klönne von »wir« und bringt bereits einige Stichworte ins Spiel, die retrospektiv und aus der Distanz betrachtet, fast schon programmatisch für seinen Lebensentwurf zu sein scheinen. Da ist die Rede von einer »illegalen Jungenschaftshorte«, deren Mitglieder zwar nicht politisch opponieren, sich aber ihres abweichenden Verhaltens und der Gefahren bewusst sind, denen sie unter den Bedingungen der Diktatur und des Krieges ausgesetzt sind.

Lebensgeschichtliche und berufsbiographische Kontingenzen

Unter den sich entwickelnden Interessen und Perspektiven, also Faktoren, die für Klönne »zusammenkamen«, sind weitere zu nennen: das bildungsbürgerliche Elternhaus beispielsweise, in dem es auch nach 1933 anregende Literatur gab, als diese aus öffentlichen Bibliotheken bereits entfernt worden war, unter anderem des sozialistisch-pazifistischen Schriftstellers Leonhard Frank; auch jugendbewegt-katholische Zeitschriften der Zwischenkriegszeit gehörten dazu. Begegnungen mit facettenreichen jugendkulturellen Milieus nach 1945 sind ebenfalls anzuführen: Als »Leitpersonen« nannte er beispielsweise den Linkskatholiken Walter Dirks oder den jugendbewegten Enno Narten. Bei letzterem habe ihn besonders beeindruckt, dass er »Fragen der Zeit« angesprochen habe, zum Beispiel »dass soziale Gerechtigkeit erreicht, die Gefahr neuer Kriege ausgeräumt werden müsse«.

Dass Klönne bei Wolfgang Abendroth, selbst unangepasst und im weitesten Sinne jugendbewegt und »widerständig«, promoviert hat, gehört zweifellos ebenfalls zu den Kontingenzen seiner Biographie. Seit seiner 1955 erschienenen Dissertation über »Jugend im Dritten Reich« hat Klönne in zahlreichen weiteren Veröffentlichungen nicht zuletzt »bündische Umtriebe«, jugendliches nonkonformes Verhalten, Widerständigkeit im engeren Sinne und andererseits unauffällige Anpassung sowie auch überzeugtes aktives »Mitmachen« im Dienste des Regimes untersucht. Seine Publikationen zur Jugendbewegung und zu subkulturellen Jugendmilieus sind kaum zu zählen; viele sind ausdrücklich an ein breiteres, nicht selten auch an ein jugendliches Publikum gerichtet, dem er an historischen Beispielen nicht zuletzt zu vermitteln versuchte, sich »antizyklisch« zu verhalten.

Ein »Skeptiker« und »Mittler« zwischen Milieus und Generationen

Vom Geburtsjahrgang her gehört Klönne zu einer Altersgruppe, die den Faschismus bewusst erlebt hatte und deshalb – so jedenfalls Schelsky – mehrheitlich nicht nur eine tiefe Abneigung gegen Ideologien, sondern auch gegen politisches Engagement jedweder Art hegte. Arno Klönnes berufliches und politisches Wirken jedoch belegt, dass die um 1930 Geborenen keineswegs so unpolitisch waren, wie Schelsky annahm. Um ein Beispiel zu geben: Klönne engagierte sich wie manch andere Angehörige der skeptischen Generation auch aus politischen Gründen »gegen jede neue

Militarisierung«. »Es lag darin« so Franz-Werner Kersting 2002 in den Vierteljahresheften für Zeitgeschichte, »nicht nur die aus Erfahrung herkommende und vernünftige Furcht vor einem neuen Krieg, sondern ebenso sehr die Opposition gegen militärische Machtstrategien und der Zorn auf den Kasernenhofgeist jeder Art«.

Klönne hatte Schelsky bereits in den 1950er Jahren kritisiert und dessen Thesen »die Vision einer demokratisch engagierten Jugend entgegengesetzt«. Wie ist diese Kritik damit in Einklang zu bringen, dass Klönne einige Jahre Schelskys Assistent gewesen ist? Schelsky, so Klönne, sei sehr tolerant gewesen, wie auch Dieter Claessens bestätigt hat. Mit letzterem – auch das sei erwähnt – hat Klönne 1965 eine »Sozialkunde der Bundesrepublik« herausgebracht, die weite Verbreitung fand. Es wäre schön gewesen, Klönne noch nach Schulen-Bildungen in der Soziologie und seiner Selbstverortung in der Soziologen-Zunft zu befragen. Antworten auf diese und weitere Fragen werden nun nur noch auf der Grundlage seiner immens umfangreichen Publikationen, Stellungnahmen und Interviews zu finden und vielleicht später einmal Teil einer wissenschaftlichen Biographie über Klönnes Lebensleistungen sein.

Viele Menschen, die Arno Klönne verbunden waren, werden sich wohl in den kommenden Monaten und Jahren an Begegnungen mit ihm als Freund, akademischen Lehrer, anregenden Gesprächspartner und kritischen Zeit-Beobachter erinnern. Sie werden an Ereignisse und Anlässe denken, bei denen sich Arno Klönne einmischte, meist nachdenklich und nicht selten auch provozierend, dabei in Diskussionen konzentriert und freundlich dem fragenden Publikum zugewandt, intensiv bei diversen Veranstaltungen und Projekten sowie Publikationen beratend, ohne sich selbst in den Mittelpunkt zu stellen. Und eine ganze Reihe derjenigen, die Arno Klönne begegnet sind, wird ihn wohl auch als »Mittler« zwischen Angehörigen unterschiedlicher jugendkultureller Milieus und sozialer Bewegungen und den in diesen sich auf unterschiedliche Weise engagierenden Erfahrungs-Generationen erlebt haben.

Im Rückblick auf die »bewegte Jugend« im 20. Jahrhundert betonte Klönne wiederholt: Sofern die historische Jugendbewegung »gegen den Strom« schwamm, habe sie Heranwachsenden auf der Suche nach tragfähigen Lebensentwürfen sinnvolle Erprobungsmöglichkeiten geboten. Die Jugendbewegung hat aus seiner Sicht zwar nach 1945 für seine eigene Altersgruppe und noch für eine Reihe rund zehn Jahre jüngerer eine auch individuell lebensgeschichtlich bedeutsame Blütezeit erlebt. Sie gehöre jedoch als historisches Phänomen des 20. Jahrhunderts weitgehend der Vergangenheit an. In dieser Deutung war er wieder – wie bereits angesprochen –Zeitzeuge und Soziologe bzw. Historiker zugleich. Einen so engen Zusammenhang zwischen Forschung und Leben, eigenen Erfahrungen und professionellem Zugang zu dem Themenfeld »Jugendbewegung«, wie sie im Lebenswerk Arno Klönnes sichtbar ist, wird es, das lässt sich wohl mit einiger Gewissheit sagen, künftig nicht mehr geben.

Barbara Stambolis

Habilitationen

Dr. Johannes Stauder hat sich am 24. April 2015 an der Universität Heidelberg habilitiert. Die Habilitationsschrift trägt den Titel »Opportunitäten und Restriktionen des Kennenlernens und die soziale Vorstrukturierung der Kontakt- und Interaktionsgelegenheiten«. Die venia legendi lautet Soziologie.

Dr. Thilo Fehmel hat sich am 7. Juli 2015 an der Fakultät für Sozialwissenschaften und Philosophie der Universität Leipzig habilitiert. Die Habilitationsschrift trägt den Titel »Zu einer relationalen Soziologie postnationaler sozialer Sicherung«. Die venia legendi lautet Soziologie.

Call for Papers

Bildungserfolge im Lebensverlauf –
Analysen aus der Perspektive verschiedener Disziplinen

Pre-GEBF-Nachwuchskonferenz am 7. und 8. März 2016 im Wissenschaftszentrum Berlin für Sozialforschung (WZB)

Erklärtes Ziel der Gesellschaft für Empirische Bildungsforschung ist die Nachwuchsförderung. Im Rahmen der Pre-GEBF 2016 sollen 40 Doktoranden und Doktorandinnen – proportional – aus der Erziehungswissenschaft, den Fachdidaktiken, der Ökonomie, Psychologie und Soziologie daher die Möglichkeit erhalten, eines ihrer Forschungsprojekte ausgewiesenen Experten und Expertinnen (siehe Programmkomitee) und anderen Doktorandinnen und Doktoranden zu präsentieren und mit diesen zu diskutieren. Für jeden Teilnehmer und Teilnehmerin sind 45 Minuten vorgesehen (15 Minuten Präsentation, 10 Minuten Feedback durch eine/n Expert/in und 20 Minuten Diskussion mit der Gruppe). Die Teilnehmer und Teilnehmerinnen müssen vor Beginn der Nachwuchskonferenz »assoziiertes Mitglied« der GEBF sein (siehe: www.gebf-ev.de/mitglied-werden/), zum Zeitpunkt der Bewerbung ist dies nicht erforderlich. Tagungsgebühren fallen nicht an. Im Rahmen der Pre-Konferenz gibt es vier Keynotes zum Tagungsthema:

Erziehungswissenschaft: Dr. Axinja Hachfeld (FU Berlin)
Ökonomie: Prof. Dr. Bernd Fitzenberger (HU Berlin, angefragt)
Psychologie/Methoden: Prof. Dr. Florian Schmiedek (DIPF, Goethe-Universität Frankfurt am Main)
Soziologie: Dr. Judith Offerhaus (Universität zu Köln), Dr. Janna Teltemann (Universität Bremen)

Für die Nachwuchskonferenz stehen nur 40 Plätze zur Verfügung. Die eingereichten Beiträge durchlaufen daher einen Begutachtungsprozess durch das Programmkomitee:

Erziehungswissenschaft (Fachdidaktiken): Dr. Andrea Bernholt (IPN Kiel)*, Dr. Axinja Hachfeld (FU Berlin)*
Ökonomie: Dr. Frauke Peters (DIW Berlin)* PD. Dr. Friedhelm Pfeiffer (ZEW Mannheim)** Prof. Dr. C. Katharina Spieß (DIW Berlin, FU Berlin)**[+]
Psychologie: Prof. Dr. Florian Schmiedek (DIPF, Goethe-Universität Frankfurt am Main), Prof. Dr. Angela Ittel (TU Berlin)[+]
Soziologie: Dr. Judith Offerhaus (Universität zu Köln)* Prof. Dr. Heike Solga (WZB, FU Berlin)**[+] Dr. Janna Teltemann (Universität Bremen)*

Bewerbungsprozess:

Frist der Einreichung des Proposals ist der **30. Oktober 2015** (Mitteilung der Entscheidung bis 10. Dezember 2015). Einzureichen sind elektronisch (in einem Dokument) an nawigebf@wzb.eu:

- Information zur/zum Autor/in (Name, Institution, Promotionsjahr, Erstbetreuer/in)
- Zuordnung in eine der disziplinären Kategorien: Erziehungswissenschaft, Ökonomie, Psychologie, Soziologie (wichtig für die Zuordnung der Gutachter/innen)
- Titel des Proposals
- Aussagekräftiger Abstract (ca. 1.000 Wörter, inkl. Literaturverzeichnis): Fragestellung/zu schließende Forschungslücke, theoretischer Hintergrund, Hypothesen/Erwartungen, Methoden, (erwartete) Ergebnisse
- CV und Publikationsverzeichnis (soweit vorhanden)

Für die ausgewählten Proposals müssen bis 7. Februar 2016 die Papers an das Organisationsteam (nawigebf@wzb.eu) geschickt werden (dabei kann es sich um »Work in Progress« handeln). Die Papiere werden den jeweiligen Diskutanten (zugeordneten Experten und Expertinnen) weitergeleitet. Bis spätestens zum 6. März 2016 muss für die Teilnahme an der Tagung

---

* Fellow bzw. ** Senior Fellow des College for Interdisciplinary Educational Research,
[+] BIEN Schirmherrin

eine Antragsstellung auf Aufnahme als »assoziiertes Mitglied« der GEBF erfolgt sein.
Zum Organisationsteam gehören Dr. Johanna Storck (DIW Berlin, Koordinatorin von BIEN), Prof. Dr. C. Katharina Spieß (DIW Berlin), Dr. Alessandra Rusconi, Prof. Dr. Heike Solga, Friederike Theilen-Kosch (alle WZB) Für die Teilnahme an der GEBF-Haupttagung 2016 sowie an deren Gesellschaftsabend melden Sie sich bitte unter folgender Website an: www.Gebf2016.de. Bei Anfragen wenden Sie sich bitte an:

Friederike Theilen-Kosch
E-Mail: nawigebf@wzb.eu

Verzeihen – Versöhnen – Vergessen?

Tagung am 4. und 5. März 2016 an der Universität Luzern

Georg Simmel schrieb einst: »Es liegt im Verzeihen, wenn man es bis in den letzten Grund durchzuführen sucht, etwas rational nicht recht Begreifliches«. Das Thema »Verzeihen« ist in den Human- und Sozialwissenschaften – Theologie, Philosophie, Psychologie, aber auch Politologie und Rechtswissenschaft – Gegenstand zahlreicher Diskussionen. Philosophen und Theologen kommen immer wieder auf die jüdisch-christliche Tradition des Konzepts zurück. Verzeihen kann als eine anthropologische Konstante des menschlichen Zusammenlebens, als ein Universalphänomen aufgefasst werden, das seine Allgemeingültigkeit daran knüpft, dass Menschen fehlbar sind. In diesem Sinne verliert das Thema niemals an Aktualität, weder in den lokalen Gesellschaften noch in der immer stärker globalisierten und konfliktreicheren Weltgesellschaft.

In der hier angekündigten Tagung soll das Thema Verzeihen im Mittelpunkt der Diskussion stehen – und zwar nicht im theologischen, sondern im zwischenmenschlichen, d.h. diesseitigen Sinne. Diese Fragestellung verbindet zwei große Themenkomplexe: Erinnern/Vergessen auf der einen, Versöhnung auf der anderen Seite. Im Zusammenhang mit Erinnerungskultur und Holocausterinnerung haben sich die europäischen Humanwissenschaften seit mehreren Jahrzehnten mit der Relevanz der Erinnerung beschäftigt. Angesichts des inflationären Ge- und Missbrauchs derselben (»Vergangenheitspolitik«) verschiebt sich jedoch gegenwärtig der Fokus auf die Gegenseite des Erinnerns: das Vergessen. Auf die Relevanz und Nützlichkeit des Vergessens für das menschliche Zusammenleben hat Nietzsche hingewiesen. Verzeihen setzt Vergessen voraus, ja, Verzeihen ist sogar ein »aktives« Vergessen (Paul Ricœur). Vergessen und Verzeihen werden sowohl als Konfliktlösung als auch als Voraussetzung für eine Versöhnung in einer Postkonfliktsituation und nach einem Systemwechsel postuliert, insbesondere dann, wenn die reine Reziprozität bzw. rücksichtslose Anwendung von Regeln und Gesetzen mehr Schaden für die Betroffenen verursachen würden. Jede Strafform enthält neben der Ritualisierung von Buße immer auch ein Spannungsverhältnis zwischen Erinnern und Vergessen. Hier ist auch zu berücksichtigen, dass das Verzeihen eng mit dem Ver- und Aussöhnen zwischen Konfliktparteien sowie zwischen »Täter« und »Opfer« zusammenhängt. Verzeihen ist eine unentbehrliche Voraussetzung für Aussöhnung. Insoweit Menschen fehlbar sind und soziale Beziehungen zerbrechlich sind, ist das menschliche Zusammenleben ohne Verzeihung schwer vorstellbar.

Trotz seiner großen Reichweite scheint das Thema Verzeihen der Soziologie bisher eher fremd geblieben zu sein. Dabei liegt aus dem oben Genannten die Vermutung nahe, dass das Verzeihen eine unverzichtbare Kategorie der Sozialtheorie darstellt, deren gesellschaftsfundierendes Potenzial bislang kaum systematisch ausgedeutet wurde. So »unnatürlich« und »asozial« das Verzeihen in philosophischer Hinsicht auch sein mag (Jacques Derrida und Klaus-Michael Kodalle), wurde und wird es überall und zu allen Zeiten in verschiedenen Formen praktiziert. Als Wirklichkeitswissenschaften müssen Soziologie, Kulturwissenschaften und Ethnologie sich mit dieser Tatsache auseinandersetzen. Es stellen sich beispielsweise folgende Fragen, die sich für die hier angekündigte Tagung als Diskussionspunkte anbieten:

1. Wie wird die Verzeihung in einem bestimmten Kulturkreis ritualisiert und institutionalisiert – man denke etwa an die Beichte in der katholischen Kirche, die Sippenstrafe oder die Ausgleichszahlung? Gibt es auf der semantischen Ebene Unterschiede? Wer kann wem für welchen Schaden verzeihen und wann? Gibt es kulturelle Differenzen, die die gegenseitige Versöhnung erschweren? Korreliert die semantische Variation der Verzeihung auch mit gesellschaftlichen – segmentären, stratifikatorischen oder funktionalen – Differenzierungen?
2. Die moderne Gesellschaft verfügt dank der Massenmedien, der digitalen Medien im Besonderen, über ein sehr gutes Gedächtnis, in dem

alles gespeichert und nichts vergessen, das Erinnerte aber gleichzeitig standardisiert wird. Unter den modernen medientechnischen Bedingungen, so die Folge, wird Vergessen und Verzeihen darum immer schwieriger. Wenn dies stimmt, wie ist Verzeihen unter den modernen technischen Bedingungen dann überhaupt noch möglich? Welche Rituale und Institutionen der Verzeihung gibt es in der modernen Gesellschaft?
3. Trotz der oben genannten allgemeinen Tendenz gibt es in modernen Funktionssystemen verschiedene Formen der Institutionalisierung des Verzeihens. Im Rechtssystem sind z. B. Jugendstrafrecht, Täter-Opfer-Ausgleich, die restaurative Justiz und die Gnade als Form der Verzeihung anzuführen. Im Wirtschaftssystem besitzt der Schuldenerlass einen ähnlichen Stellenwert. Welche Institutionen der Verzeihung sind in anderen Funktionssystemen vorstellbar und als solche zu beschreiben?
4. Nach einem Systemwechsel und einem Friedensschluss war es bis ins 19. Jahrhundert üblich, Amnestie zu gewähren und die Taten, die zuvor begangen worden waren, nicht zu kriminalisieren. Kriegsverbrechertribunal und Wahrheitskommission folgen hingegen dem Muster der strafrechtlichen Verfolgung und gehen von der Annahme aus, dass die Übeltaten nicht vergessen werden dürfen und Erinnerung und Strafe für die Aussöhnung eine konstruktive Rolle spielen sollten. Können Vergessen und Verzeihen jedoch tatsächlich zur Versöhnung und Vergangenheitsbewältigung in einer Postkonfliktsituation beitragen? Wie viel Wahrheit braucht Versöhnung?

Die Tagung strebt eine systematische Zusammentragung der Erkenntnisse über die oben genannte Thematik hinaus an. Außerdem soll sie zur Frage nach der Grenze des Sozialen einerseits und der theoretischen und empirischen Konzipierung des Problemzusammenhangs Verzeihen/Versöhnen/Vergessen andererseits beitragen. Die Beiträge sollen in einem Sammelband publiziert werden.

Es wird darum gebeten, bis zum **20. November 2015** Referatsvorschläge (max. 1 Seite) an folgende Adresse zu senden: PD Dr. Takemitsu Morikawa, Universität Luzern, Soziologisches Seminar, Frohburgstraße 3, PF 4466, CH-6002 Luzern, E-Mail: takemitsu.morikawa@unilu.ch

SOEP Innovation Sample (SOEP-IS)

Use SOEP-IS for new research questions

We would like to remind you of the possibilities of the SOEP Innovation Sample (SOEP-IS) and encourage you to consider using this instrument for collecting household micro data that directly relate to your research. So, if you are a researcher looking for information on households or for people's opinions, the SOEP Innovation Sample (SOEP-IS) gives you the opportunity to collect such information.

SOEP-IS is well suited to short-term experiments, but it is particularly useful for long-term surveys that are not possible in the framework of the core SOEP—whether because the instruments are not yet established or because the questions deal with very specific research issues. Project ideas that have already been approved are (complex) economic behavioral experiments, Implicit Association Tests (IAT) and complex procedures to measure time use (Day Reconstruction Method, DRM).

We offer researchers at universities and research institutes worldwide the opportunity to use this sample for their research projects. Since 2013, the contents of SOEP-IS have been determined in a competitive refereed process to select and implement the »best« research questions and their operationalizations. The SOEP Research Data Center distributes the SOEP-IS data to external users as an independent dataset.

In 2014, almost 5,500 people in nearly 3,500 households have participated in the SOEP Innovation Sample. Many of these women and men have been answering core SOEP questions since 1998 as part of an extension sample to the SOEP, while others entered in 2009. These individuals provide a wealth of longitudinal data to the SOEP Innovation Sample.

As a new technical feature, for the 2014 survey of the SOEP-IS 111 smart phones are available for data collection using the Experience Sampling Method (ESM). If you have an idea for using ESM in the SOEP-IS, please contact us for details.

Deadlines

Researchers interested in submitting questions should contact SOEP Survey Management by **November 30, 2015**, to present their proposal. If the project is determined to be viable from a survey methodology perspective, an official application procedure will follow. The official application must be received by **December 31, 2015**. Send us your proposal! Applications should be submitted in English to soep-surveymanagement@diw.de.

Evaluation

A subcommittee of the SOEP Survey Committee will then evaluate and rate the relevance and significance of the proposed questions. If the proposed project already has funding from the DFG or other funding agencies, this step of external evaluation will be skipped. Since projects funded by the DFG and other organizations providing research funding also require a guarantee of survey methodological feasibility, interested researchers should contact SOEP Survey Management before submitting an application for funding.

Please visit our website at www.diw.de/soep-is. If you have any questions, please contact David Richter, E-Mail: drichter@diw.de

Tagungen

Gefährliche Ungleichheiten – Eine Herausforderung für Soziale Integration und Demokratie

Jahrestagung der Forschungsstelle für wissenschaftsbasierte gesellschaftliche Weiterentwicklung am 29. und 30. Oktober 2015 in Düsseldorf

Die Forschungsstelle für wissenschaftsbasierte gesellschaftliche Weiterentwicklung (FWGW) wurde im Herbst 2014 gegründet und ist an der Schnittstelle von Politik, Zivilgesellschaft und Öffentlichkeit verortet. Die FWGW wurde mit Unterstützung des Ministeriums für Innovation, Wissenschaft und Forschung des Landes Nordrhein-Westfalen als eigenständiger Verein mit Sitz in Düsseldorf gegründet. Übergeordnetes Ziel ist es, gesellschaftliche Weiterentwicklungen im Sinne einer sozial integrierten Gesellschaft zu fördern, in der die basalen Grundwerte von Fairness, Gerechtigkeit und Solidarität realisiert werden.

Zu Beginn des 21. Jahrhunderts ist die Diskussion über soziale Ungleichheiten in Bewegung geraten. Mit Blick auf die aktuellen Forschungslinien der FWGW ergeben sich in diesem Zusammenhang u.a. folgende Fragen:

Was bedeuten sozialräumliche Spaltungen für demokratische Institutionen und Verfahren auf regionaler und lokaler Ebene? Wie kann durch integrierende Stadtentwicklung demokratische Teilhabe ermöglicht und gestärkt werden?

Was bedeutet die Digitalisierung der Produktion (Industrie 4.0) für gesellschaftliche Ungleichheiten und Spaltungen? Entsteht ein digitales Prekariat? Kann die Digitalisierung genutzt werden, um mehr Demokratie zu wagen?

Ist eine vorbeugende Sozialpolitik in der Lage, ungerechte Ungleichheiten zu korrigieren? In welchen Feldern und mit welchem Instrumentarium kann sie zum Erfolg geführt werden?

Wie können politisch gefährliche Ungleichheiten von einer pluralistischen Ökonomik angemessen thematisiert und beforscht werden, um Alternativen zum neoklassischen bzw. marktliberalen Denken zu entwickeln?

Gemäß dem Konzept der Forschungsstelle werden auf der Herbsttagung WissenschaftlerInnen sowie politische und zivilgesellschaftliche Akteure zu Wort kommen. Darüber hinaus werden die ersten Ergebnisse der seit Gründung der FWGW durchgeführten Dialogforen vorgestellt. Zudem wird ein Ausblick auf die für Winter 2015/16 geplanten Ausschreibungen für Forschungsprojekte durch die FWGW gegeben.

Aus dem Tagungsprogramm:

Prof. Dr. Antony Atkinson (Oxford): Inequality: What can be done?

Streitgespräch zwischen Ulrike Herrmann (taz) und Marc Beise (Süddeutsche Zeitung, angefragt)

Bericht aus den Dialogforen und Ausblick auf Projektausschreibungen der FWGW in vier parallelen Panels: Integrierende Stadtentwicklung, Industrie 4.0, Neues ökonomisches Denken, Vorbeugende Sozialpolitik

Prof. Dr. Colin Crouch (Warwick): Inequality and Post-democracy?

Die Jahrestagung findet auf Schloss Eller, Heidelberger Straße 42 in Düsseldorf statt. Bitte melden Sie sich bis zum **16. Oktober 2015** unter www.fwgw.org/veranstaltungen an. Bei Rückfragen wenden Sie sich bitte an info@fwgw.org, Tel. 0211 99450080.

Fleisch. Vom Wohlstandssymbol zur Gefahr für die Zukunft

Tagung der Sektion Land- und Agrarsoziologie, 6. und 7. November 2015, Hochschule Fulda

»Fleisch ist ein Stück Lebenskraft!« Dieser Slogan der deutschen Agrarwirtschaft spiegelt einen über Jahrzehnte gültigen Grundkonsens der bundesdeutschen Nachkriegszeit wider. Fleisch ist für viele noch heute ein Symbol des Wohlstands und der Stärke; es ist Inbegriff einer richtigen Mahlzeit.

Gleichwohl ist seit einigen Jahren ein stetiger Verfall dieses Mythos zu beobachten: Fleisch wird zunehmend problematisiert, die Nebenfolgen des zwar stagnierenden, aber nach wie vor hohen Fleischkonsums werden diskutiert und die Apologeten des unbeschwerten Fleischessens geraten zunehmend in die Defensive. Das heute allseits zu günstigen Preisen verfügbare Grundnahrungsmittel hat seine Unschuld verloren. Schon fällt die Prognose für Fleisch – etwa von einem bekannten Wursthersteller – düster aus: »Die Wurst ist die Zigarette der Zukunft!« Dass eine Wurstfabrik vegetarische Produkte entwickelt und diese auch mit einigem Erfolg verkauft, kann als Indiz für einen gesellschaftlichen Wandel angesehen werden. Fleisch- und tierfreie Ernährungs- und Lebensweisen, über lange Zeit belächelt und verfemt, erlangen zunehmend gesellschaftliche Relevanz, werden sichtbar und meinungsbildend. Problematisiert werden nicht nur gesundheitliche Folgewirkungen des Fleischkonsums, sondern vor allem auch die mit der Produktion verbundenen massiven ökologischen Folgen, wie zum Beispiel Klimabelastung, Wasser- und Flächenverbrauch, die damit einhergehenden globalen Ungerechtigkeiten und ethischen Probleme der Nutztierhaltung. So kam jüngst der Wissenschaftliche Beirat des Bundesministeriums für Ernährung und Landwirtschaft zu der Einschätzung, dass die derzeitigen Haltungsbedingungen eines Großteils der Nutztiere in Deutschland nicht zukunftsfähig seien.

Aber auch Fleischproduzenten und -händler sowie Verfechter des Fleischgenusses gehen in die Offensive: So weist der Bayerische Bauernverband darauf hin, dass mit den Entwicklungen der letzten Jahrzehnte ein »höherer Tierkomfort« geschaffen wurde. Heutige moderne Haltungsbedingungen könnten nicht pauschal als nicht zukunftsfähig bezeichnet werden. Der zentrale Stellenwert des Fleisches auf den Tellern deutscher Konsumenten, lässt sich auch an Publikationen wie dem Magazin »Beef!« ermessen, in dem »Männer mit Geschmack« zu einem ungehemmten Karnismus angehalten werden. Andererseits sind solche Publikationen (ähnlich wie die Flut von Landillustrierten) auch Anzeiger einer Krise, da der Fleischkonsum nicht mehr selbstverständlich erscheint.

Fleisch entwickelt sich zu einem Reizthema und hat als solches Potenzial zur Skandalisierung und dauerhaften Politisierung. Am Fleischthema wird so ein Paradox auffällig: Die moderne Nutztierhaltung wird durch die weitere Industrialisierung immer effizienter und profitabler, aber auch unsichtbarer. Dadurch verändert sich das Verhältnis der Konsumenten auch zu Tieren und vor allem Schlachttieren: Sie kritisieren die Zustände der modernen Nutztierhaltung oder lehnen sie ganz ab. Zugleich nehmen die

Konsumenten diese Produktionsbedingungen eben wegen ihrer Effizienz, Professionalität und Unsichtbarkeit billigend in Kauf, wenn der Preis für die immer tierferner erscheinenden Produkte niedrig bleibt. Vor diesem Hintergrund werden Forderungen erhoben, neue, nachhaltigere Produktionssysteme wie auch Konsummuster zu entwickeln. Dabei greifen Ansprüche an die Verantwortung des Konsumenten respektive des Produzenten regelmäßig zu kurz, weil sie eine Überforderung von Individuen darstellen und die multifaktoriellen Bedingungen ignorieren, unter denen die Produktion und der Konsum von Fleisch stehen.

Das Thema Fleisch ist für die Soziologie lohnend, weil Fleisch als Kristallisationspunkt verschiedener Diskursstränge erscheint, die bereits seit geraumer Zeit in diversen öffentlichen wie wissenschaftlichen Debatten virulent sind. Dies sind die Gesundheits- und Umweltdiskurse, Debatten um nachhaltige Ernährung, nachhaltigen Konsum und nachhaltige Land- und Agrarwirtschaft, der ethische Diskurs zu Tierwohl und zum Mensch-Tier-Verhältnis bis hin zum Genderdiskurs. Mit diesen Debatten lassen sich nicht nur Brücken zwischen natur- und sozialwissenschaftlichen Betrachtungen schlagen, sondern auch zwischen unterschiedlichen Bindestrichsoziologien, wie der Land- und Agrarsoziologie und Ernährungssoziologie, aber auch der Umweltsoziologie, Konsumsoziologie, Kultursoziologie und Geschlechtersoziologie.

Die Tagung will das Thema Fleisch in seiner gesellschaftlichen Relevanz ausleuchten. Mit Blick auf Fragen der Tierhaltung, der Schlachtung und Verarbeitung bis hin zu Konsum, Ernährung und Entsorgung sollen alle Prozesse der Wertschöpfungskette thematische Berücksichtigung finden. Anliegen ist es, das gesellschaftliche Verhältnis zu Nutztieren zu betrachten, alternative Ernährungspraktiken sowie die politischen und wirtschaftlichen Rahmenbedingungen der heutigen und zukünftigen Fleischproduktion und -konsumption zu erörtern sowie Alternativen zur derzeitigen Fleischproduktion zu diskutieren.

Prof. Dr. Jana Rückert-John
E-Mail: Jana.rueckert-john@he.hs-fulda.de

Dr. Melanie Kröger
E-Mail: kroeger@ztg.tu-berlin.de

Autorinnen und Autoren dieses Heftes

Dr. Thomas Barth, Ludwig-Maximilians-Universität München, Institut für Soziologie, Konradstraße 6, D-80801 München, E-Mail: thomas.barth @soziologie.uni-muenchen.de

Martin Bauer, M.A., Hamburger Institut für Sozialforschung, Mittelweg 36, D-20148 Hamburg, E-Mail: martin.bauer@his-online.de

Prof. Dr. Peter A. Berger, Universität Rostock, Institut für Soziologie und Demographie, Ulmenstraße 69, D-18057 Rostock, E-Mail: peter.berger @uni-rostock.de

Dr. Stefan Bernhard, Institut für Arbeitsmarkt- und Berufsforschung, Regensburger Straße 104, D-90478 Nürnberg, E-Mail: Stefan.Bernhard @iab.de

Univ.-Prof. Dr. Petra Dannecker, Universität Wien, Institut für Internationale Entwicklung, Sensengasse 3, A-1090 Wien, E-Mail: petra.dannecker @univie.ac.at

PD Dr. Thilo Fehmel, Universität Leipzig, Institut für Soziologie, Beethovenstraße 15, D-04107 Leipzig, E-Mail: fehmel@sozio.uni-leipzig.de

Dr. Rasmus Hoffmann, European University Institute, Via dei Roccettini 9, I-50014 San Domenico di Fiesole, E-Mail: rasmus.hoffmann@eui.eu

Dr. Kerstin Hofreuter-Gätgens, Universität Hamburg, Institut für Medizinische Soziologie, Martinistraße 52, D-20246 Hamburg, E-Mail: hofreuter@uke.uni-hamburg.de

Prof. Dr. Monika Jungbauer-Gans, Friedrich-Alexander Universität Nürnberg-Erlangen, Institut für Arbeitsmarkt und Sozialökonomik, Findelgasse 7/9, D-90402 Nürnberg, E-Mail: monika.jungbauer-gans@fau.de

Dr. Andreas Klärner, Universität Rostock, Institut für Soziologie und Demographie, Ulmenstraße 69, D-18057 Rostock, E-Mail: andreas.klaerner @uni-rostock.de

Prof. em. Dr. Gudrun Lachenmann, Universität Bielefeld, Fakultät für Soziologie, Postfach 10 01 31, D-33501 Bielefeld, E-Mail: gudrun.lachen mann@uni-bielefeld.de

Prof. em. Dr. Thomas Luckmann, Am Ossiachberg 2, A-9531 Bodensdorf

Dr. Christina Müller, Hamburger Institut für Sozialforschung, Mittelweg 36, D-20148 Hamburg, E-Mail: christina.mueller@his-online.de

Rat für Sozial- und Wirtschaftsdaten, RatSWD, Schiffbauerdamm 19, D-10117 Berlin, E-Mail: office@ratswd.de

Michael Reif, M.A., Georg-August-Universität Göttingen, Institut für Soziologie, Platz der Göttinger Sieben 3, D-37073 Göttingen, E-Mail: mreif1@gwdg.de

Prof. em. Dr. Bernhard Schäfers, Karlsruher Institut für Technologie, Institut für Soziologie, Medien- und Kulturwissenschaften, Schlossbezirk 12, D-76131 Karlsruhe, E-Mail: schaefers.bernhard@gmx.de

Dr. Christian Schmidt-Wellenburg, Universität Potsdam, Fakultät Wirtschafts- und Sozialwissenschaften, August-Bebel-Straße 89, D-14482 Potsdam, E-Mail: cschmidtw@uni-potsdam.de

Dr. Christiane Schnell, Institut für Sozialforschung an der Goethe-Universität Frankfurt am Main, Senckenberganlage 26, D-60325 Frankfurt am Main, E-Mail: ch.schnell@em.uni-frankfurt.de

Prof. Dr. Ulrike Schultz, Theologische Hochschule Friedensau, Fachbereich Christliches Sozialwesen, An der Ihle 19, D-39291 Möckern-Friedensau, E-Mail: ulrike.schultz@thh-friedensau.de

Prof. em. Dr. Hans-Georg Soeffner, Kulturwissenschaftliches Institut, Goethestraße 31, D-45128 Essen, E-Mail: hans-georg.soeffner@kwi-nrw.de

Dr. Stefanie Sperlich, Medizinische Hochschule Hannover, Medizinische Soziologie, Carl-Neuberg-Straße 1, D-30625 Hannover, E-Mail: sperlich.stefanie@mh-hannover.de

Prof. Dr. Barbara Stambolis, Universität Paderborn, Fakultät für Kulturwissenschaften, Pohlweg 55, D-33098 Paderborn, E-Mail: barbara stambolis@aol.com

Dr. Florian Stoll, Universität Bayreuth, Bayreuth Academy of African Studies, Hugo-Rüdel-Straße 10, D-95445 Bayreuth, E-Mail: Florian.Stoll @uni-bayreuth.de

Prof. Dr. Christoph Strünck, Universität Siegen, Seminar für Sozialwissenschaften, Adolf-Reichwein-Straße 2, D-57068 Siegen, E-Mail: christoph.struenck@uni-siegen.de

Prof. Dr. Georg Vobruba, Universität Leipzig, Institut für Soziologie, Beethovenstraße 15, D-04107 Leipzig, E-Mail: vobruba@uni-leipzig.de

Prof. Dr. Johannes Weiß, Bernhardistraße 11, D-34414 Warburg, E-Mail: jweiss@uni-kassel.de

Johannes Weiß
In wessen Namen?

Ein wesentliches Charakteristikum von Intellektuellen ist der Anspruch, Belange anderer stellvertretend zu artikulieren. Die Legitimation von Stellvertretung ist generell hoch voraussetzungsvoll. Dies gilt erst recht für intellektuelle Stellvertretung, die beansprucht, im Namen allgemein gültiger – gar: allgemeinmenschlicher – Prinzipien aufzutreten. Dies hat im Laufe des 20. Jahrhunderts zu Missbrauch und zu Politik über die Köpfe der Vertretenen hinweg und gegen sie geführt. Gegen das daraus resultierenden tiefen (Selbst-)Misstrauen gegenüber Intellektuellen steht freilich die Notwendigkeit der Stellvertretung jener, die überhaupt nicht in der Lage sind, ihre Belange selbst zu artikulieren. Vor diesem Hintergrund wird in dem Beitrag knapp skizziert, dass eine gegenwärtig legitimierbare Aufgabe von Intellektuellen darin bestehen kann, das Recht auf individuelle Besonderheiten als allgemeines Anliegen öffentlich zu vertreten.

Intellectuals can be characterized by their claim to representatively express other people's interests. To legitimate representation is highly demanding in general all the more so where intellectuals claim to represent interests in the name of generally applicable principles. In the course of the 20th century this led to abuse and to politics over people's heads and against those represented. The resulting deep (self-) distrust against intellectuals is, however, opposed by the necessity to represent all those who are unable to articulate their interests on their own behalf. Against this background the paper argues that currently a legitimate task of intellectuals can be to publicly represent the right to individual particularities as a general concern.

Michael Reif
Soziologie mit Börsenspiel

Finanzmärkte sind zentrale Bestandteile des gegenwärtigen Kapitalismus und stellen ein aktuelles wirtschaftssoziologisches Forschungsfeld dar. In diesem Aufsatz wird über ein Seminar zur Soziologie der Finanzmärkte berichtet, in dem Finanzprodukte und Finanzakteure im Mittelpunkt standen. Die Besonderheit war, dass parallel zur Lehrveranstaltung an einem Börsenspiel teilgenommen wurde. Außerdem war eine Exkursion nach Frankfurt Teil des Programms. Zuerst wird der Seminarplan vorgestellt. Derivate und Ratingagenturen konstituieren die inhaltlichen Schwerpunkte. Zweitens werden die Erfahrungen mit dem Börsenspiel anhand der daraus resultierenden Diskussion dargestellt, und es wird über die Exkursion berichtet. Drittens wird der Einsatz von Schreibdenken beschrieben. Techniken des »Schreibdenkens« wurden im Seminar verwendet und stellen eine Möglichkeit dar, Schreiben in die Lehre zu integrieren. Insgesamt zielte die Kombination von soziologischer Theorie und Empirie sowie der Praxis im Börsenspiel darauf ab, zum Verstehen von Finanzmärkten und Finanzmarktkapitalismus beizutragen.

Financial markets are central for contemporary capitalism and constitute a current research field of economic sociology. The article reports about a course on the sociology of financial markets, which focuses on financial products and financial actors. The specific feature was that in parallel with the course the participants took part in a stock market game. A field trip to Frankfurt was part of the program, too. First, I present the syllabus; the main topics were derivatives and rating agencies. Secondly, the discussions resulting from the experiences with the stock market game are described. Besides, highlights of the field trip are presented. Third and finally, *Schreibdenken* – a synthesis of writing and thinking – will be explained. Techniques of *Schreibdenken* were used in the course; they constitute a possibility to integrate writing in teaching sessions. Altogether, the combination of theoretical and empirical sociology and the practical experiences in the stock market game was designed to contribute to an understanding of financial markets and financial market capitalism.

Rat für Sozial- und Wirtschaftsdaten
Stellungnahme zur Archivierung und Sekundärnutzung von Daten

Der RatSWD will optimale Bedingungen für die Genese von und den Zugang der Wissenschaft zu Forschungsdaten herstellen. Er befürwortet grundsätzlich die Archivierung und die Bereitstellung qualitativer Daten für Sekundäranalysen. Der RatSWD erkennt an, dass die Frage der Möglichkeit, der Angemessenheit und des wissenschaftlichen Nutzens von Sekundäranalysen nach Materialart und Forschungsmethoden differenziert zu beantworten ist. Er spricht sich dafür aus, auch im Bereich der qualitativen Sozialforschung grundsätzlich eine Kultur der Datenbereitstellung zu fördern. Hier sind Forschende typischerweise aktiv in die Produktion von Datenmaterial eingebunden, so dass die Frage der Datenweitergabe die Frage des geistigen Eigentums berührt. Es gilt, Archivierungsverfahren bereit zu stellen, die versprechen, den Wert des Datenmaterials zu erhalten, ohne den Datenschutz zu gefährden. Regelungen zur Archivierung wie zur Sekundärnutzung dürfen den Feldzugang für Primärforschende nicht einschränken. Der RatSWD befürwortet die Archivierung qualitativer Daten und ihre Bereitstellung für Sekundäranalysen soweit dies ohne nachvollziehbare Gefährdung der primären Forschungsziele möglich ist. Bei Drittmittelprojekten soll die Vorlage eines Datenmanagementplans bei der Beantragung obligatorisch gemacht werden. Die Entscheidung über die Eignung von Daten für eine Sekundärnutzung darf keinen Einfluss auf die Genehmigung beantragter Projekte haben.

The German Data Forum's goal is to create excellent conditions for generating and accessing data for research. In principle it supports the archiving and re-use of qualitative data. The German Data Forum recognizes that the feasibility, adequacy and scientific merit of re-using data vary and require a nuanced approach depending on the type of material and the research methods that were used. It advocates fostering a culture of data sharing in qualitative social research. Since researchers are often actively involved in data production in qualitative social research, the issue of data sharing is closely linked to the issue of intellectual property. It is therefore necessary to establish archiving methods that preserve the value of the material without compromising data protection. Regulation on archiving and re-use must not prevent the original researchers from accessing their fields. The German Data Forum supports archiving and re-use of qualitative data insofar as this is possible without compromising original research aims. The submission of a data management plan should be made obligatory when applying for external funding. The decision as to whether data are suitable for re-use, however, should not influence a project's approval.

Wir bitten Sie, bei der Fertigstellung Ihres Manuskriptes folgende Hinweise zur Textgestaltung zu berücksichtigen: Bitte verwenden Sie die neue deutsche Rechtschreibung, verzichten Sie möglichst auf Abkürzungen und formulieren Sie Ihren Beitrag in einer geschlechtergerechten Sprache.

Fußnoten nur für inhaltliche Kommentare, nicht für bibliographische Angaben benutzen.

Literaturhinweise im Text durch Nennung des Autorennamens, des Erscheinungsjahres und ggf. der Seitenzahl in Klammern. Zum Beispiel: (König 1962: 17).

Bei zwei Autor/innen beide Namen angeben und durch Komma trennen, bei drei und mehr Autor/innen nach dem ersten Namen »et al.« hinzufügen.

Mehrere Titel pro Autor/in und Erscheinungsjahr durch Hinzufügung von a, b, c ... kenntlich machen: (König 1962a, 1962b).

Mehrere aufeinander folgende Literaturhinweise durch Semikolon trennen: (König 1962: 64; Berger, Luckmann 1974: 137)

Literaturliste am Schluss des Manuskriptes: Alle zitierten Titel alphabetisch nach Autorennamen und je Autor/in nach Erscheinungsjahr (aufsteigend) geordnet in einem gesonderten Anhang aufführen. Hier bei mehreren Autor/innen alle namentlich, durch Kommata getrennt, nennen. Verlagsort und Verlag angeben.

Bücher: Luhmann, N. 1984: Soziale Systeme. Grundriss einer allgemeinen Theorie. Frankfurt am Main: Suhrkamp.

Zeitschriftenbeiträge: Müller-Benedict, V. 2003: Modellierung in der Soziologie – heutige Fragestellungen und Perspektiven. Soziologie, 32. Jg., Heft 1, 21–36.

Beiträge aus Sammelbänden: Lehn, D. von, Heath, Ch. 2003: Das Museum als Lern- und Erlebnisraum. In J. Allmendinger (Hg.), Entstaatlichung und soziale Sicherheit. Opladen: Leske + Budrich, 902–914.

Fügen Sie Ihrem Manuskript bitte eine deutsche und eine englische **Zusammenfassung von maximal je 15 Zeilen**, sowie **Name, Titel und Korrespondenzadresse** bei. Schicken Sie Ihren Text bitte als .doc oder .docx **per e-mail** an die Redaktion der Soziologie.

Für **Sektionsberichte** beachten Sie bitte, dass einzelne Tagungsberichte 7.500 Zeichen (inkl. Leerzeichen) nicht überschreiten sollten. Für Jahresberichte stehen max. 15.000 Zeichen zur Verfügung.

Jahresinhaltsverzeichnis 2015

Soziologie in der Öffentlichkeit

Ute Volkmann	Soziologische Zeitdiagnostik	139–152
Stephanie Pravemann, Stephan Poppe	LEGIDA gezählt	153–161
Johannes Weiß	In wessen Namen?	399–410

Identität und Interdisziplinarität

Ulrich Oevermann	Prof. Dr. Dr. h.c. Mario Rainer Lepsius	7–21
Stephan Lessenich	Die Externalisierungsgesellschaft	22–32
Stefanie Ernst	Zur Etablierung prozesstheoretischen Denkens	162–185
Arno Bammé	Die Normalität des Krieges	277–291
Thomas Luckmann, Hans-Georg Soeffner, Georg Vobruba	»Nichts ist die Wirklichkeit selbst.«	411–434

Forschen, Lehren, Lernen

Nicole Holzhauser	Warum die Flugzeuge nicht landen	33–55
Stefan Kühl	Die publikationsorientierte Vermittlung von Schreibkompetenzen	56–77
Ch. Schneijderberg, D. Beit-Yaghoub, N. Goßmann, J. Heyde, N. Kornke, M. Kuznetsova, J. Meemann, S. Tieke, M. Tödtloff	Viele Daten – wenig Information für Studieninteressierte?	78–98
Jo Reichertz	Wie mit den Daten umgehen?	186–202
Stefanie Eifler, J. H. P. Hoffmeyer-Zlotnik, Dagmar Krebs	Die Methodenausbildung in soziologischen MA-Studiengängen	292–313
Michaela Pfadenhauer, Stefanie Enderle, Felix Albrecht	Studierkulturen	314–328
Nadine Sander, Miklas Schulz	Herausforderungen und Potentiale bei online geführten Gruppendiskussionen	329–345
Michael Reif	Soziologie mit Börsenspiel	435–450
RatSWD	Archivierung und Sekundärnutzung von Daten der qualitativen Sozialforschung	451–458

DGS-Nachrichten

Protokoll der Auszählung der Wahlen
2014/2015 zu Vorsitz, Vorstand und Hälfte
des Konzils der DGS 203–205

Geschlossene Gesellschaften
Themenpapier zum 38. Kongress
der DGS 2016 in Bamberg 459–464

Open Access für die SOZIOLOGIE 465

Berichte aus den Sektionen und Arbeitsgruppen

Sektion Alter(n) und Gesellschaft 348–350

Sektion Arbeits- und Industriesoziologie 468–471

Sektion Entwicklungssoziologie und Sozialanthropologie 471–474

Sektion Familiensoziologie 102–104

Sektion Frauen- und Geschlechterforschung 208–213

Sektion Medien- und Kommunikationssoziologie 213–215

Sektion Medizin- und Gesundheitssoziologie 480–482

Sektion Methoden der empirischen Sozialforschung 351–355

Sektion Organisationssoziologie 216–220

Sektion Politische Soziologie 474–477

Sektion Professionssoziologie 477–479

Sektion Soziale Ungleichheit und Sozialstrukturanalyse 480–482

Sektion Sozialpolitik 483–488

Sektion Soziologische Netzwerkforschung 105–108

.... 480–482

Sektion Soziologische Theorie 355–360

Sektion Umweltsoziologie 221–224

.... 468–471

Sektion Wirtschaftssoziologie 108–111

Sektion Wissenssoziologie 360–362

Arbeitskreis Interaktionsforschung 111–114

Nachrichten aus der Soziologie

	Habilitationen	115, 231, 502
M. Rainer Lepsius	Zum Beginn	126–127
	Dissertationspreis der Sektion Stadt- und Regionalsoziologie	225
N. Amelung, E.-C. Edinger, J.-C. Rogge, P. Ullrich, T. Weber	Für gute Arbeit in der Wissenschaft	226–231
Tilman Allert	Ulrich Oevermann zum 75. Geburtstag	232–234
David Strecker	Claus Offe zum 75. Geburtstag	235–240
Peter A. Berger	In memoriam Ulrich Beck	241–249
Bernhard Schäfers	In memoriam Wolfgang Lipp	250–252
Boike Rehbein	In memoriam Hermann Schwengel	253–255
Johannes Weiß	Lobrede auf Alois Hahn	363–367
F. G. Mildenberger	Rüdiger Lautmann zum 80. Geburtstag	368–370
Martin Bauer, Christina Müller	Soziopolis – Gesellschaft beobachten	489–492
Petra Dannecker, Gudrun Lachenmann, Ulrike Schultz	In memoriam Dieter Goetze	493–494
Bernhard Schäfers	In memoriam Bernd Hamm	495–497
Barbara Stambolis	In memoriam Arno Klönne	498–502

Autorinnen- und Autorenverzeichnis

Albrecht, Felix	314–328	Berger, Peter A.	241–249
Allert, Tilman	232–234		480–482
Amelung, Nina	226–231	Bernhard, Stefan	474–477
Apelt, Maja	216–220	Bode, Ingo	216–220
Arnold, Annika	221–224	Dannecker, Petra	493–494
Bammé, Arno	277–291	David, Martin	221–224
Barth, Thomas	468–471	Edinger, Eva-Christina	226–231
Bauer, Martin	489–492	Eifler, Stefanie	292–313
Beit-Yaghoub, Desiree	78–98		351–355

Enderle, Stefanie	314–328
Ernst, Stefanie	162–185
Fehmel, Thilo	485–488
Goßmann, Nina	78–98
Hanke, Gerolf	221–224
Henkel, Anna	355–360
Hennig, Marina	103–104
Heyde, Julian	78–98
Hoffmann, Rasmus	480–482
Hoffmeyer-Zlotnik, J. H. P.	292–313
	351–355
Hofreuter-Gätgens, Kerstin	480–482
Holzhauser, Nicole	33–55
Jungbauer-Gans, Monika	480–482
Kinzler, Anja	360–362
Klärner, Andreas	480–482
Kornke, Nicole	78–98
Kranz, Olaf	111–114
Krebs, Dagmar	292–313
Kühl, Stefan	56–77
Kuznetsova, Maria	78–98
Lachenmann, Gudrun	493–494
Lepsius, M. Rainer	126–127
Lessenich, Stephan	22–32
Lindemann, Gesa	355–360
Löther, Andrea	208–210
Luckmann, Thomas	411–434
Maubach, Hanna	213–215
Meemann, Johanna	78–98
Mergenthaler, Andreas	348–350
Mildenberger, Florian G.	368–370
Müller, Christina	489–492
Münnich, Sascha	108–111
Oevermann, Ulrich	7–21
Pfadenhauer, Michaela	314–328
Pollmann-Schult, Matthias	102–103
Poppe, Stephan	153–161
Pravemann, Stephanie	153–161
RatSWD	451–458
Rehbein, Boike	253–255
Reichertz, Jo	186–202

Reif, Michael	435–450
Rogge, Jan-Christoph	226–231
Sander, Nadine	329–345
Sänger, Eva	211–213
Schäfers, Bernhard	250–252
	495–497
Schimank, Uwe	355–360
Schirmer, Uta	211–213
Schmidt-Wellenburg, Christian	474–477
Schneijderberg, Christian	78–98
Schnell, Christiane	477–479
Schulz, Miklas	329–345
Schultz, Ulrike	493–494
Soeffner, Hans-Georg	411–434
Sonnberger, Marco	221–224
Sperlich, Stefanie	480–482
Stambolis, Barbara	498–502
Stauder, Johannes	102–103
Stegbauer, Christian	105–108
Steinbach, Anja	103–104
Stoll, Florian	471–474
Strecker, David	235–240
Strünck, Christoph	483–485
Tieke, Sebastian	78–98
Tödtloff, Maike	78–98
Tremel, Luise	221–224
Ullrich, Peter	226–231
Vobruba, Georg	411–434
Vogel, Claudia	348–350
Volkmann, Ute	139–152
von Groddeck, Victoria	216–220
Weber, Tina	226–231
Wehner, Josef	213–215
Weiß, Johannes	363–367
	399–410
Wilkesmann, Uwe	216–220
Winkel, Heidemarie	208–210
Wolbring, Tobias	351–355

Der Krieg war nie weg ...

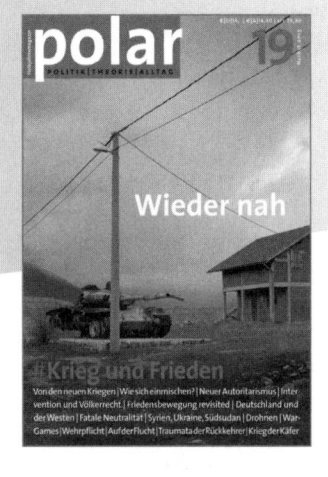

polarkreis e.V. (Hg.)
polar 19: Krieg und Frieden
Wieder nah

2015. 192 Seiten. Einzelausgabe: € 14,–
Abonnement*: € 12,–
ISBN 978-3-593-50506-0

... aber mit Blick auf die neuen Kriege und Krisenherde – Ukraine, Syrien, IS – ist er wieder sehr nah. 30 Jahre nach dem Abflauen der Friedensbewegung in der damaligen Blockkonfrontation stellen sich viele Fragen neu: Wie umgehen mit Gewalt und Terror? Welche Einmischung ist gefragt? Wie steht es um »den Westen«, seine Gestaltungsmöglichkeiten, seine Überzeugungskraft, und wie um Europa als »Friedensprojekt«? Wie verhält sich die Kategorie des Friedens zum Schutz der Menschenrechte, wie zur Demokratie? Und was ist die Lektion der Geschichte 70 Jahre nach dem Ende des Zweiten Weltkriegs, 25 Jahre nach der Wiedervereinigung? polar stellt sich in seiner 19. Ausgabe diesen brennenden Fragen der Gegenwart.

*Abonnement und Einzelhefte sind erhältlich im Buchhandel sowie unter campus.de/polar

campus.de

campus
Frankfurt. New York

Aktuelle Neuerscheinungen

Anita Engels, Sandra Beaufaÿs, Nadine V. Kegen, Stephanie Zuber
Bestenauswahl und Ungleichheit
Eine soziologische Studie zu Wissenschaftlerinnen und Wissenschaftlern in der Exzellenzinitiative

Reihe Hochschule und Gesellschaft
2015. 369 Seiten. € 34,90
ISBN 978-3-593-50463-6

Das Buch präsentiert die Ergebnisse einer umfassenden Begleitstudie, die die Autorinnen von 2007 bis 2013 zur deutschen Exzellenzinitiative durchführten. Es stellt die Voraussetzungen dar, mit denen Männer und Frauen den unsicheren Weg in der Wissenschaft auf sich nehmen, und die Bedingungen, die sie in der Exzellenzinitiative vorfinden. Dabei zeigt sich, welche inner- und außerwissenschaftlichen Faktoren für die fortgesetzte Unterrepräsentanz von Wissenschaftlerinnen auf den Spitzenpositionen verantwortlich sind.

Wolfgang Lemb (Hg.)
Welche Industrie wollen wir?
Nachhaltig produzieren – zukunftsorientiert wachsen

2015. Ca. 250 Seiten. Ca. € 19,90
ISBN 978-3-593-50473-5

Die ökologischen und sozialen Warnsignale stehen heute weltweit auf Dunkelrot: Der Klimawandel, die Finanzmarktkrise, die zunehmende Ungleichheit in der Einkommens- und Vermögensverteilung sowie die massiven Defizite in der öffentlichen Infrastruktur weisen auf gravierende Fehlentwicklungen unseres Wirtschaftssystems hin. Doch wie schaffen wir den Wandel zu einem nachhaltigen Modell des Wirtschaftens? Dieses Buch – ein Plädoyer für den ökologischen Umbau der Industrie und für das Konzept der »Guten Arbeit« – liefert detaillierte Antworten auf diese drängenden Fragen, die sich uns und den kommenden Generationen stellen.

campus.de

campus
Frankfurt. New York